ROMA ALTERNATIVA

COLLANA FALLO!

diretta da

Angelo Quattrocchi

Dario Salvatori, Silvio Rossi, Claudio Marras

ROMA ALTERNATIVA

Regia di Angelo Quattrocchi

SUGARCo EDIZIONI

Prologo

Cominciamo col dire che questo libro, per molti, sarà uno *shock*. Molti infatti non sospettano nemmeno l'esistenza di una Roma alternativa, con un suo modo di pensare, di vedere, di sentire, di vivere, di amare, con una sua cultura insomma, che va sotto il nome, ormai celebre, ma abusato, di controcultura.

La Roma alternativa è fatta soprattutto di gente, di persone, giovani soprattutto, ma non sempre, che già da un decennio hanno imparato a rifiutare il consumismo, l'arrivismo, l'egoismo borghese, la gerarchia ed hanno cercato, in mille e uno modi, individuali e collettivi, di crearsi una vita alternativa.

Certo, le strutture sono le stesse, le città, questa città, Roma, non hanno per questo cambiato volto, semmai si sono ancor più inartapecorite.

Ma tra le pieghe invisibili della città ci sono cose nuove, embrioni di un possibile futuro migliore. Alcune di queste manifestazio ni di vita, cultura alternativa, sono arrivat alla città convenzionale.

I momenti magici dei grandi raduni de rock, musica liberatoria. La contestazion scolastica, che ha rivoluzionato, se non l scuola-istituzione, certamente il rapporto tr i giovani e gli insegnanti.

Le assemblee, i comitati, i gruppi di quar tiere, che hanno fatto rinascere nella citt dominata dalla vecchia politica bizantina un nuova forma di azione, rivoluzione dal basso

Le stesse occupazioni di case, reazione all disperata necessità ma anche volontà di azio ne diretta, alternativa alle istituzioni dell città.

Ma la città alternativa è anche e soprattutto un diverso modo di vivere la città, le sue stra de, i suoi parchi, i suoi quartieri, i suoi poch servizi, anche le sue schiaccianti carenze.

Questa non può e non vuole essere un'en nesima guida alla città; piuttosto un mode di vedere e di trovare quel che nella città vivo e alternativo, e trovandolo, scoprirlo farlo rinascere.

Qui parliamo dei quartieri, di come eran e cosa stanno diventando, e del movimento di liberazione degli omosessuali, nella città capitale, sacra, maschilista, e sessuofobica.

Parliamo delle biblioteche (che non ci sono e dello sport (che è solo tifo e agonismo), par liamo dei mercati, ultima spiaggia di una Ro ma ancora a dimensione umana, contadina e delle scienze occulte e delle sette teosofiche nuove presenze in una città apparentemente cattolica, ma come ognuno sa, profondamente pagana.

Parliamo delle influenze americane sulla

città, e diamo decine e decine di indirizzi utili, su tutti i temi trattati.

Per molti, sarà una galleria di idee nuove, dissacranti, controcorrente, magari assurde e scioccanti. Per altri sarà solo un modo inedito o inconsueto di vedere la città, attraverso un filtro morale e ideologico che non avevano nemmeno sospettato esistesse.

Insomma, per molti sarà una grossa sorpresa. Ne saremo, saremmo contenti, perché la sorpresa è l'anticamera della scoperta, e del possibile cambiamento di vita.

Ma il nostro scopo è al tempo stesso più umile e più ambizioso.

Più umile perché vuole solo proporre una diversa « chiave di lettura della città », come direbbe un intellettuale romano.

Più ambizioso perché attraverso questa radiografia della città alternativa vuole affermare concetti ed idee che ormai circolano, ma frammentari, increduli, ancora timidi, su quel che la città dovrebbe essere per noi che ci viviamo.

Sono 31 capitoli, ed è la prima edizione. Ne aggiungeremo altri, e diremo altro, perché questa più di qualsiasi guida è una guida *in fieri*, di cose che stanno nascendo, e noi che l'abbiamo compilata abbiamo aiutato a nascere, partecipi ed interessati.

È il frutto di un lavoro di cinque anni, di un gruppo sempre cangiante e mai cristallizzato di persone che hanno vissuto, in prima persona, le cose di cui parlano, ed a cui credono, scrivendole.

PERSONAGGI ED INTERPRETI

Questa *Roma alternativa* nasce dal lavor
e dalla vita di moltissime persone, quasi tutte
ma non tutte, giovani.

Angelo Quattrocchi, direttore della rivist
underground Fallo! ed ora editore dei libr
di *Fallo!* ne ha curata la regia, con amore
rabbia.

Claudio Marras, *freak* psichedelico che d
anni calca le scene della nuova Roma cor
occhio disincantato ed elettronico, facendos
tutte le strade e le piazze da secoli, da quand
nacque il Piper e prima, è quello che ha for
nito la dimensione storica degli ultimi cinque
dieci anni, da quando ne aveva 15 ad ora che
ne ha 25.

Musicista *rock*, *freak* tra i primi, ripudiat
figlio di alto magistrato, oggi come cinqu
anni fa capace di gestire la sua totale povertà
con totale nobiltà e totale purezza, è un po
il mago di quest'opera.

Dario Salvatori, cresciuto nell'alternativa
ed ora esperto, quasi mandarino di music
rock, da anni raccoglie pagine di cose alter
native che sono condensate qui dentro.

Silvio Rossi, esperto dell'inusitato e del cu
rioso, ha aiutato in molti capitoli, come le
golosità, i viaggi, le biblioteche.

E poi tutti quelli che partecipavano a *Fallo*
rivista, ed ora a *Fallo! edizioni*, hanno contri
buito e dato una mano, nei giorni e nelle nott
più difficili e fumose.

10

Giordano Falzoni ha aiutato, con il semplice fatto di esistere, qui a Roma.

E poi tutti quelli che partecipano al disegno di una Roma alternativa, figure di fratelli che hanno dato gioia ed amore a questo progetto: la rivista di controinformazione *Combinazioni*, Eddi Ponti, Carlo Alberto, Santa Teresa, il mistico Piero Verni, *Re Nudo*, Giuseppe della Stanza Editrice, Matteo e Renata, *Il Messaggero* e *Paese Sera* loro malgrado, Santucci, Isia Isikowska, Manuela, *Kronos 1991*, il liceo Mamiani, Shanti Carlo, il gruppo di Pugno Rosso, Paolone, Marcellino, Carla, Dinni...

Questo libro è stato possibile per la collaborazione tra la *Fallo! editrice* e SugarCo.

Love a tutti, and thank you.

SPIEGAZIONE PRELIMINARE

Spiegazione preliminare alla lettura, ad uso e consumo di giornalisti, professionisti ed altri acculturati che — poverini! — sanno poco della vita alternativa, delle sue dolcissime abitudini, dei suoi bellissimi costumi, e della sua cultura detta controcultura, che ha ovviamente, un suo gergo, molto più vero e vivo dell'italiano televisivo, standardizzato, omogeneizzato e castrato, che tutti usano, per mancanza di meglio: qui verrà usata, in questo libro, la parola *freak*, a significare quelli che sono e si sentono diversi, perché rifiutano la società della produzione-consumo che va sotto il nome di sistema.

Spesso verrà anche fuori la parola *menare*, che vuol dire farla lunga, intellettualizzare, rompere le palle insomma. Apparirà anche la parola *psichedelico*, e *psichedelia* riferito alla musica, ma anche più generalmente, ad uno stile di vita. A farla breve, lo stile di vita psichedelico è di chi tiene più all'amore che alla carriera, al vivere la vita che al fare soldi. Infine, si parla di periodi storici ormai, il *beat*, che sono l'inizio degli anni '60, prima che apparissero i Beatles. E poi il *primo freak*, l'epoca di Piazza di Spagna, ed anche il tramonto definitivo del miserabile *jet-set* Via Veneto. L'epoca del *freak aureo* è, ovviamente, il pre e post '68.

Ora, per chi non se ne fosse accorto, siamo

nel *tardissimo freak*, colpiti da recessione e Anno Santo...

Leggete, leggete, qualcosa resterà!

Quartieri

Un *excursus* panoramico sulla Roma dei quartieri deve cominciare da quelli che sono i punti d'incontro, e quindi di vita, dal borghesissimo al molto *hippy*. Prima dunque, le zone un po' franche.

Una brevissima ministoria dei quartieri di vita.

Nei favolosi tempi del *beat* (per l'Italia, a causa dei soliti ritardi, dal '65 al '69) il *posto* era ovviamente piazza di Spagna, che aveva per *dépendance* alcuni bar limitrofi vicino anche al Babuino e a Ripetta, dove i *beat* locali, i primissimi *hippies* americani e i primi suonatori di *rock* inglese, come i Rolling Stones, si mescolavano al *demi-monde* degli artisti e fotografi locali, dell'epoca precedente.

Altra *dépendance*, ovviamente, il Piper Club.

Lì i primi *pop* inglesi erano grandissimi

15

divi carismatici, e mettevano su le prime sfornate di *beat* autoctoni, di scappati di casa, di giovinette velocissime.

L'epoca tarda di questo periodo vede l'effimera gloria della non lontana Carnaby Street (*alias* Via Margutta) e il famoso e famigerato barcone. E senza dimenticare la Zanzara, prima dell'avvento del Piper, quindi in piena preistoria, il 1964 o giù di lì, primo locale *beat* dell'Europa Continentale, aperto incredibilmente tutti i pomeriggi a tre-quattrocento lire.

Poi lo chiuse un questore, non per droga o droghetta, ma solo perché il tutore dell'ordine affermava che andando a sentir musica di pomeriggio, e a scuola di mattina, uno non aveva il tempo di fare i compiti a casa. Insomma, un locale immorale.

Mentre in Campo dei Fiori (siamo al '68-'69) sonnecchiavano ancora squallidi intrighi pseudocomunisto-sinistri, la vera *scene* cominciava nella meravigliosa Santa Maria in Trastevere, dall'altra parte del fiume.

E lì restava sino all'estate-autunno del 1971.

Poi, autunno '71 e inizio '72 segnavano non bruscamente, ma come in un lento processo osmotico il passaggio da Santa Maria a Campo dei Fiori.

E la storia dura ancora.

Ma Roma è, per dirla alla Borges, la città delle Odissee parallele.

Ogni costume nuovo, o usanza, non scalza mai definitivamente il precedente; l'ultima, sia pure in sordina, per sedimentazione, e in maniera strana, si allinea a quelle vecchie, quando lascia il posto ad una nuova, ma non muore.

Così, nella descrizione che ora seguirà, dei

vari quartieri e ghetti, più o meno nuovi, ci saranno vecchie glorie decadute, come nuovissime stelle, novità e astri sorgenti. I quartieri sono come gli uomini, si sa.

Cominciamo dalla *scene* oggi ancora per eccellenza: Campo dei Fiori.

Campo dei Fiori

È un vasto quadrilatero. Nel lato più lungo da Piazza Argentina al Lungotevere. Nel lato più corto è delimitato dal Tevere e dalla zona di Piazza Navona. Campo dei Fiori, come quartiere, è vasto, pullula di botteghe, bar, piccoli ristoranti. Fa capo a due piazze principali, contigue. Piazza Campo dei Fiori e Piazza Farnese.

La vecchia *scene* comunista è lì da molto tempo, fin dagli anni Cinquanta, quando era la sola. Arriveranno i dischi volanti sulla statua di Giordano Bruno, che sta al centro della piazza, ma ancora la *scene* comunista resiste.

Con nuova versione extraparlamentare con Kawasaki e Land Rover, arrivati prima ancora dei *freaks*, e installatisi a modo loro, a discuter di aberranti lotte di classe e a comprar roba dai tre disperati rimasti.

Il quartiere era quartiere popolare, genuinamente popolare, e realmente e onestamente comunista nel vecchio buon senso della parola, sino al deturpante in ogni senso avvento degli extrafighi extraparlamentari figli di ricchi, che han fatto aumentare i prezzi delle botteghe.

Gli *hippies* arrivano nell'autunno '71, e ci sono screzi con gli extra, poi pian piano le cose si aggiustano alla romana. Il quartiere è un po' sotto il *racket* dei ladroni locali, l'equivalente autoctono dei vecchi *mods* inglesi. Hanno un modo di vestire e di pensare, e modelli e codici di comportamento autonomi. Un infelice matrimonio tra il mammismo alla italo-romana e i più squallidi buchi d'anfetamina.

Campo è anche teatro mattutino di un vivacissimo mercato, con prezzi ancora buoni, con qualche accortezza si compra con poco verdura e frutta, tagli di carne poco costosi, specie l'ultima ora, quando si svende. Questo come in tutti i mercati di Roma. Nella zona, fa spicco una delle vie più ricche di Roma, via Giulia, sede dei grandi antiquari, e costosissimi appartamenti restaurati.

Piazza Farnese, più calma, anche architettonicamente, è luogo di riposo, sulle lunghe panchine di pietra che costeggiano l'ambasciata francese. Ci sono *freaks* ed altri.

Piazza Navona

Turistica come zona, è sempre stata per tradizione luogo d'incontro del *demi-monde* cinema e teatro, sia convenzionale che *off* e persino *underground*. Ai vecchi tempi è stata anche uno dei primi posti *beat*.

Nella zona è successo un po' di tutto, da sempre. Teatro dell'arrivo della Hollywood vecchia maniera, e delle prime partenze in autostop per le molte Indie. Le zone limitrofe alla piazza hanno ristoranti non tremendi, e il caffè S. Eustachio, luogo d'incontro di turisti intellettuali un po' *old-fashioned*, con il migliore caffè della zona. Non lontano, Via di

Torre Argentina, c'è il frullataro Pascucci dove, a costo di far la fila, bevi un frullato buono. A fianco, c'è, proprio al portone accanto, al 18, la sede del Partito Radicale, che sin dagli anni Cinquanta, fu *refugium peccatorum* dei gruppi, gruppetti, gruppini, gruppotti sinistrorsi radical-libertari non allineati. Il tutto imperniato sul vecchio e un po' spelato leone Marco Pannella, ormai leggenda nelle provincie italiane, per via dei suoi moltissimi digiuni pubblicitario-libertari. La sede dei radicali ha parecchie stanze e un salone, nelle stanze c'è un po' l'andare e venire delle sette e gruppetti... ora le femministe e i *gay* ad esempio.

Ma spesso non sono ospitati, perché il Partito Radicale resta saldamente in pugno ai professionisti all'antica, ed ai nuovi contro-culturali offre stanze, rifugio, aiuto politico, ma non amore. Perché il suo cuore è ancora quello del farmacista illuminista di provincia.

La zona del Pantheon è assimilabile a quella di Navona ed è sede di svariate botteghe *hippy*. Le più piccole sono di americani, come il Cerchio Magico.

Lo chiamano il più grosso bazar d'Europa: Molajen, in via del Seminario, con a fianco annesso negozio per cuoi, è la Standa della paccottiglia indiana e indianeggiante, ad uso e consumo della zia moderna e del giovanetto studente post '68.

Loro son profittatori, come sa chi è stato in Oriente, ma paradossalmente si paga meno per una camicia lì, che per una camicia normale.

Ci sono anche i teatrini da 50-100 posti, alcuni specializzati in sedute spiritiche e simili.

La zona è grandissima, articolata, ed estremamente differenziata, non solo architettonicamente, ma anche per gli ambienti, atmosfere, e tipi di gente. Nel '71 ci fu il trapasso di poteri: i *freaks* vanno a Campo dei Fiori e la piazza Santa Maria resta ai locali, e alla ignobile, spaventosa invasione ricco-americana immobiliare, con un salto di prezzi tremendo.

Trastevere è stata gli anni '50 e la prima metà dei '60: anche qui lo stesso tessuto, popolar-comunista all'antica. Ancora più resistente e tetragono nel mantenere le tradizioni tribali millenarie del *magnar* bene e bere anche. Popolino, artigianato minuscolo, mala tradizionale locale, relitti di antichi canoni di vita, accenti, dialetti, il tutto ormai ridotto a folklore. Poi arrivano i primi artisti, i primi scopritori stranieri, i primi *beat* che si installano, poi i *freaks*, ma come sempre, tallonati a poca distanza dai loro guardoni, i borghesi illuminati o di sinistra. Poi la scoperta del centro storico come comodo e utile, da parte degli illuminati, e poi delle immobiliari, ci porta alla implosione orrenda del '70-'71.

È la storia tragico-patetica di tutti i centri propulsori di vita alternativa degli anni '60, in molte capitali del mondo.

Il Village di New York, lo Hight Hashbury di San Francisco, Dam Square e il suo quartiere ad Amsterdam, Saint-Michel a Parigi.

Trastevere, per eccellenza il posto *off*, *out*, fuori, o controcultura, vede e fa la storia di tutto. La piazza è un po' il centro del mondo di stradine intorno, che hanno, hanno ancora, una dimensione di bellezza mozzafiato, ora ridotta alle quinte di un teatro riccastro e sputtanato.

Ci sono invece, ormai, le sue commercializzazioni, alcuni *off*, che si fingono *under*. Il quartiere perde tutti i ristoranti popolari: nel '72 c'erano dieci o quindici posti dove si mangiava sotto le mille, ora non più uno. Per gli aumenti sì, ma anche perché son tutti caduti in mano nemica, completamente sputtanati, nel prezzo, nel cibo. Servili, lì per servire il pubblico che viene di fuori, a far da guardone alla solita cosa che non esiste più da anni. Posti per newyorkesi burini e *jet set* di terza, che hanno capito ieri la morte di Via Veneto. Restano i simulacri, le *boutiques* tenute da finti *freaks* e, ultima cosa, un po' di vita di quartiere.

Resta il vecchio Filmstudio, dove si vedono film buoni; Occhio Orecchio Bocca, timidissima copia di locale alternativo alla Amsterdam, e le case dei vecchi giri delle vecchie vestali. Che altro?

Nella storia della Roma freak *ci sono, dopo i quartieri classici, anche quelli periferici.*

Roma è sempre stata, per tradizione, l'unica metropoli in Europa formata esclusivamente di grossi paesotti di tre-quattrocentomila persone, immagine gonfiata dei paesi italiani. E Roma non ha mai avuto una Metropolitana.

È nato dunque un numero di culture locali paesane, che ruotano intorno a quartieri quasi autonomi, ed autosufficienti. Sin dal '63-'64. Erano i primi gruppi di adolescenti di periferia, che creavano la prima scene.

Ci sono stati quartieri ricchi, dove il padre regalava il motorino, e poveri, dove il moto-

rino bisognava rubarlo (vedi vecchi romanzi del vecchio Pasolini). Tutto girava intorno al motore e alla figa.

Il primo posto dove andare, nelle periferie, è la bisca, quasi all'americana. Sono i biliardi-boccette, i primi flipper e il ping pong. Da lì poi alla piazza, dove ci sono, appunto moto e figa.

L'arrivo dei primi dischi dei Beatles fa di queste prime scenes la zona dei teenagers; il resto, è storia recente.

Per comodità, parliamo dei quartieri periferici geograficamente, da quelli interni a quelli esterni, non seguendo la loro storia, ma solo la collocazione geografica.

Monteverde vecchio e nuovo

È il più vicino geograficamente ai ghetti centrali. Tutta la storia del quartiere è intensamente legata alla musica beat, a piccole cantine dove si ballava, cinquecento persone o poco più, con un complesso. Ci si incontrava prima o dopo la musica, in un paio di piazze, davanti a due o tre pizzerie a taglio, e a una gelateria. È stato, fra i tanti quartieri periferici, uno dei più aperti ad influenze esterne. Il trapasso dal beat al freak è stato lento e graduale. Le nuove generazioni freakkate hanno trovato i vecchi a far loro da guru senza pretese. Il quartiere è bello, pieno di parchi: il più bello è Villa Sciarra, ancora frequentata adesso.

Ci si vede ancora, nonostante le feroci retate poliziesche, al famoso muretto, giusto sopra Tommei, l'ancor più famosa gelateria.

L'unica cosa brutta è che il passare degli

anni ha spaccato in due, per sempre, i legami fra gli studenti e studentesse che iniziavano a freakkare e i *freaks* più *freak*. Ormai sono due mondi che vanno per conto loro. E tutti e due ci perdono. I *freaks* asfissiano tetramente e gli studenti si rinscemiscono.

Balduina-Belsito

Una delle prime borgate psichedeliche italiane, che ha conosciuto tempi d'oro. Dopo di che, venne falcidiata da ondate di arresti, presenza di spie, attacchi armati della vicina sezione del MSI e dissidi interni tra i *freaks*. Dal '71-'72 ha avuto una grossa succursale a piazzale delle Medaglie d'Oro, davanti alla Posta, a Belsito, dove si riunivano i *freak* più giovani, le nuovissime leve. I padri son fascisti. I giovani sinistre e destre si scontrano. Nelle immediate vicinanze resistono ancora, ed eran meglio prima, due piccole piazzette interne, di raccordo, alla fine di via Pompeo Trogo.

La *scene* è morta: resta posto di ritrovo, perché si vedono talvolta i vecchi, e qualche nuovo anche. Ora si stanno riformando, qui, anche i giri riccastri, con un ritorno assurdo degli anni '50.

La zona è stata interessantissima, fucina di storie e persone. È ormai un po' morta, a volte vi compaiono fantasmi. Poteva essere e fu, nel bene e nel male, per un anno o due, la vera *scene*, con arrivi da Amsterdam e da Napoli. L'alternativa più dura e vera a Trastevere e Campo dei Fiori, nate già con la maglietta turistica addosso.

Vigna Clara

Sino a due anni fa la zona più sfacciatamente ricca di tutta Roma (i Parioli sono discreti). Uno stranissimo miscuglio di *freaks* sottoproletari o quasi provenienti dalle borgate vicine tipo Ponte Milvio e i figli dei papà ricchi della zona. Una alleanza ambigua ma sincera sino a qualche tempo fa, quando i figli di papà con i *traveller's cheques* per andare in India, si sono tagliati i capelli, hanno venduto il pullmino e si sono ricomprati la decapottabile.

Un regresso, o un ritorno alle origini, e alla *scene* ambigua. Vittime dorate della droga pesante, che finiscono nelle solite cliniche private.

I fantasmi e gli arcobaleni del periodo psichedelico non sono decisamente più. C'erano americani, e un po' di *jet set*, e soldi, quindi la freakkedelia arrivò rapidamente, con gente che andava già a Londra, o a Bali, senza ovviamente capirci un cazzo. Piazzette limitrofe nella adiacente zona della collina Fleming.

San Giovanni

Complicatissima. È un quartiere gigantesco: popolare, popoloso, abbastanza rosso o sul rosato. Ma due o tre bar vicino a piazza Tuscolo sono nerissimi. Perfino *freaks* con letture del solito Nietzsche finito con destre brutte e bande ambiguissime. Il tutto attorno a storie di sottoproletari che diventano ricchi a star sui banchi del mercato di Via Sannio, il secondo mercato di Roma, con molta roba quasi *freak*.

Da qui si andava già in Olanda o in India a comprare tappeti o vestiti, per rivendere e girare. Molti ce la facevano. Ci sono anche residui degli anni Cinquanta classici, con macchine all'americana, invecchiati da bravi qualunquisti nel mondo morale tutto loro e immobile, che il quartiere tiene.

EUR

Ha una storia tutta sua. Grosso quartiere costruito a tavolino dal duce e poi completato e rifatto da architetti avveniristici nei primi anni '60, da architetti che pensavano ad altri obbrobri coetanei tipo Brasilia. Da questo coacervo nasce un grosso quartiere riccotto circondato da sacche di miseria, come la Magliana, che ne ripetono in povero le strutture, e ne smascherano la aberrazione.

Pensate al *remake* fascista di un Colosseo a pianta quadrata: è quel palazzo coi buchi che tutti vedono, passando in zona.

È freddo, asettico, ma per questo soltanto interessante in una città levantina e africana come Roma.

Popolato da tempi immemorabili da una vasta colonia americana, non quella ricca del *jet set* come a Vigna Clara, ma piuttosto da solida borghesia FAO, ONU, ed altri professionisti della dritteria internazionale. E magari quelli dell'Alitalia. Il tutto fa un pastrocchio avveniristico, che, via Alitalia, fa arrivare anche la streppa da terre lontane, con notevole anticipo sul suo arrivo ufficiale, storico.

Tra il '68 e il '72, il tutto si svolge attorno ad un paio di grosse *boutiques* tenute da professionisti del viaggio, a due o tre bar, ed attorno, ovviamente, alle scuole americane nella zona, e nelle zone della Cassia (vedi Vigna Clara).

Dopo il '72 la *scene* si sposta in parte verso la zona di Casalpalocco; poi, recentissimamente, è il *revival* fascista, nero carbone, e la zona si svuota di vita. Molto importante il Vun-Vun, l'unica succursale del Piper che si ritrovi *beat*, *hip yé-yé* e poi *freak*. Il Piper va più sugli stranieri, il Vun-Vun sugli italiani.

Alcuni, che eran lì, finiranno poi per diventare *pop star* sputtanate, tipo Pooh e simili.

Gli ultimi due anni hanno spazzato via molta della vita autoctona del centro storico. I quartieri sono meno isolati, ed hanno meno peso come tali. I ghetti principali rimangono il centro, ma sono un miscuglio.

Ora è l'esplosione delle borgate popolari, e delle città satellite, i nuovi mostri.

Cinecittà

Una delle più vecchie città nella città. Autonoma per necessità. I contatti con il centro sono difficili. Pochi autobus e il trenino azzurro che la collega con la stazione Termini, che è poi un'altra regione.

Feeling da paese, e da borgata, con tutto dentro, il comunismo e la prostituzione, le mafiette locali e il *boom*. Locali a metà tra sala da ballo e *night*.

Posto che con colpi di mano fu centro *freak*: il Club di via Quintino Maiorana, ora di nome Pappagallo.

Centocelle

Strettamente organizzato come un paese. Inquadrato duramente da PC e sindacati. Un po' più ricco di Cinecittà, al quale assomiglia, ma meno vivace. Qualche locale a metà fra il *beat* e il *freak*, per un po', ora più. Maggiore fonte di divertimento fu ed è il teatro di Centocelle fondato dalla ghenga Moravia, Maraini e Company, appoggiati dal finto culturale PC, che portava lì lucidissime macchine e qualche mediocre opera teatrale sempre rispettosamente recensita dal giornalismo ufficialputtanesco.

San Lorenzo

Affogato da altri quartieri vicini, tipo stazione Termini. Sino a otto anni fa uno dei più bei e popolari quartieri di Roma dove si mangiava bene e per poco, e si trovavan case d'affitto per pochissimo. Sede della vera *bohème* provinciale scesa a Roma negli anni '50 e inizi '60. Nel periodo del *beat* un locale, vicino alla neuropsichiatria dell'Università con le primissime *jam session beat* e *rock*. Poi nel 1969, prima che il pulotto sapesse odorare, si fumava pure.

Alberone

Dopo piazza Re di Roma. Sarebbe la periferia di quelli che stanno a via Sannio, se questi avessero una periferia. Storia tutta sua popolare violenta. È recente agglomerato di palazzi lunghissimi e altissimi. Completamente schizofrenico e caotico, con esplosione di contraddizioni. Ma non ghettizzato da finti piani regolatori tipo Magliana. Non che offra nulla ora.

Ci fu il Kilt, un locale *beat* e *rock*, bellissimo, e più grande del Piper, che avrebbe potuto diventare un grandissimo locale a livello europeo, ma si fregò per via dei suoi *manager*. Tre anni fa lo distrussero.

Boccea - Pineta Sacchetti - Gregorio Settimo - Aurelia

Una specie di semiluna nella parte periferica Nord-Est di Roma.

Fino a dieci anni or sono era campagna. Ora sono appendici di zone riccastre, come l'ex zona popolare V.le Medaglie d'Oro. Cara perché comoda e vicina al centro storico.

Diventa da popolare a riccastra nel lontanissimo '60, quando fecero un *make up* costosissimo e assurdo alle zone semiperiferiche della città.

Montesacro - Talenti - Quartiere Africano

Montesacro, grandissimo, è costeggiato da borgate con strade senza asfalto, e senz'acqua. E siamo alla fine della Via Olimpica, nella *no man's land* che ha borgate che si sovrappongono, e anche i nuovi *residence bunker* con praticelli di plastica e supermarketino incorporato, la nuova formuletta per la borghesiola più becera degli anni '60 e '70.

C'erano, dal '65 al '69, parecchi locali *yé-yé*, specie nella zona di Viale Tirreno e Viale Adriatico. La gigantesca piazza Sempione era il centro, faceva molto piazza di paese, e il parco vicino, bello, era frequentatissimo.

Nel '71-'72 il parco è abbandonato, e i pochi *freaks* rimasti finiscono nella zona residenziale che si chiama Talenti, un po' isolati. Recentemente, un minirinascimento, per ragioni strane, una grossissima rivendita di dischi... e poi perché tutta Montesacro e Talenti si riuniscono in un bar di via Tripolitania che fa da centro del crocevia dei tre quartieri.

C'è perfino rimasta la vecchia dolce vita di quartiere, e le vecchie mafiette.

E poi da qui si andava sempre al Piper, che sta tra qui e i Parioli dove fino al '68 il Piper fu il centro della Roma *beat, freak, pop, rock*. Dal '69 al '72 solo alcune serate, la solita vendita di roba pesante, il tutto squallido e inquinato, ma con qualche serata con gruppi buoni, che rinverdiva il tutto. E dal '72 in poi, più nulla.

Parioli

Nella Roma medievale di dieci anni fa Parioli era inaccessibile, inarrivabile, ricco da leggenda. C'era il Piper Market, primo negozio *shop* all'inglese in Italia, prima ancora di Milano, e di Carnaby Street Roma. Dal '65, roba bella.

E ci andavano i primi pariolini dei viaggi turistico-scolastici inglesi per imparare la lingua. Nel '67 già avevano il coraggio di far pagare il pantalone 15 mila lire. Un locale per sei mesi, il Bus Palladium, con musicisti centromeridionali che vivevano al Circeo, d'estate, e suonavano lì.

Al Parioli, nel '67, la prima discoteca (intendiamo negozio di dischi) con i puff bianchi e le cuffie speciali, e gli ammennicoli plastico-americano-pop. Il proprietario era Crocetta, allora uno dei primi mentori dell'Italia *beat*. Ora la piazza è in mano ai fighetti e ai fascisti, in un ambiente morto e tetro.

Costellazioni periferiche

Oltre ai ghetti del centro storico, quartieri poco fuori le mura e quartieri periferici, ci sono le nuove isole-metropoli, le borgate in espansione, e poi zone che riempiono i buchi e che non sono che agglutinati agglomerati che, come vita, si appoggiano agli altri.

È solo in questi posti dell'estrema che rimane ancora vita di paese, e su questa s'innesta vita di mafia, nei giri vecchi, di bar, nei giri soliti all'italiana, e in più i giri fighi, i giri *yé-yé*, i giri *beat*, *pop* e *rock*, ormai tutti schiacciati insieme, e spesso anche confusi con i giri velleitario-extraparlamentari (che son più attorno all'Università, nelle scuole post-sessantottesche, e non più solo i licei, ma tutte).

Stagioni

*cosa succede quando
cambia stagione*

Roma ha ancora le stagioni dell'anno, e sono stupende.

Ha vicini, nel giro di 50 chilometri, mare, montagne, laghi, colline e campagna intatta. È in questo splendida e unica.

Minacciata come tutte le città dalla pollu-zione, e dalla speculazione edilizia, un pro-cesso vecchio solo di cinque-dieci anni, per-ché la città non è poi industriale, ha ancora vita d'altre decadi, e d'altri secoli, subito fuori porta, o quasi.

Chi la ricorda dieci, venti, trenta anni fa, si dispera di quel che ha perso, un passato di pecore fuori porta, di Castelli romani in-tatti e non boriosi né turistici, angoli di eter-nità nei paesini aggrappati alle montagne non lontane (il niveo Soratte, dei ricordi licea-li...!).

Qui come ovunque gli ultimi cinque-dieci

31

anni han visto l'invasione dei territori tutto attorno alla città a caccia della seconda casa, sempre orrenda. Si è così deturpato tutto il litorale, molti paesi di collina e montagna, e tutte le strade di accesso a Roma sono scoppiate. Le solite file di ore nei *week-end*, all'andata e al ritorno: negli anni '50 la macchina era mito, negli anni '60 feticcio, negli anni '70 incubo.

Il fascismo ecologico ha fatto scempi immani, dentro e fuori le mura, ma le stagioni tengono ancora.

Qui parleremo delle stagioni sociali, delle stagioni che governano cioè i movimenti e le migrazioni della gente, che cambiano la città nei diversi periodi dell'anno.

Il rientro

Da dovunque uno torni, da Fregene a Katmandu, il ritorno è simbolicamente lo stesso. È una riconciliazione con il posto da cui si è partiti, e un inizio-resa dei conti. Facce che in giugno non ti salutavano più a settembre ti dicono, fresche fresche, che voglion sapere dove sei stato. Noi, più che parlare dei padri, che sono storicamente tessuto morto della città, ci occupiamo dei figli, ancora socialmente e storicamente viventi, e tra questi dei più vivi.

I *freaks hippies* sballati e simili viaggiano molto, più di tutti, e son quelli che hanno meno soldi. È perché sono capaci di vivere con niente, hanno già imparato ad eliminare il superfluo, anche in città, e a sopravvivere senza farsi consumare, o soffocare.

Passati gli anni dello sballo ruggente dei

'69-'70, ora son tutti semifreddi: fanno cose.

Tornati, cominciano rapidamente, e in due settimane i giochi son fatti, a demarcare zone, posti, piazze, bar, per lavoro e per gioco. E son loro che, a parte il folklore ormai superato e sputtanato, fanno il primo gioco, tirano dietro gli altri.

C'è, per loro, il rientro con saltino (vale anche per gli extraparlamentari) cioè un'altra settimana fuori Roma, dopo il rientro, magari nella casa di Ostia dei genitori: per riposarsi, mangiare e dormire, perché l'estate è anche dura, sulle strade.

L'extraparlamentare torna a scuola, liceo o università, e alla setta sua, con rinnovato fervore.

Lo studente normale, ormai inesistente, presumibilmente è stato più vicino al parentado, ad approfittare del grasso borghese: il suo rientro non è elegante.

I giochi di assestamento son fatti entro il 20 settembre.

Per chi lavora, la situazione è dura. Lavorare a Roma, per i giovani, vuol dire pochi soldi, spesso sfruttamento da sottosviluppo, e tenore di vita levantino. Senza però i vantaggi di Istanbul, e nemmeno di Napoli, quelli della tribù totale, nella povertà collettiva di tutti, o quasi.

Roma, edonistico-levantina, ha gente che ha la torta: i ricchi come nelle favole, e son tutti parassiti spocchiosi. Gente che la lecca ogni tanto: la media e piccola borghesia che vive imitando. Gente che mangia le briciole: l'eterno popolino romano. E gente che sta a guardare: i *lumpen* delle borgate, incazzati di brutto. Le vacanze sono un po' i *mixed media*, ma al rientro, si rientra tutti nei ruoli.

33

Autunno

Comincia la vita di città. Ma è ancora il gelato, il mangiar fuori, e la vita di piazza. Si ricomincia ad andare al cinema, piano piano.

Gli alberi sono ancora verdissimi, nei parchi i primi marroni.

E i rossi mattone delle case, gli azzurri nitidissimi dei cieli.

I primi gruppetti davanti alle scuole. Riiniziano i concerti *pop* al chiuso, dove ci si rivede. Si aprono e si chiudono nuovi locali, è il ciclo nuovo. Cambiamento di vestiti, ancora estivi ma meno vacanzieri.

Dalle giacche ministeriali alle nuove mode studentili.

Natale e sue vacanze

Qualcuno va in Tunisia Algeria Marocco, tra i *freaks* ricchi. Gli studenti scappano magari a Londra, con scuse scolastiche. Grandi sballi in campagna e montagna. Ormai le tribù son formate, e qui si consolidano.

Chi resta a Roma cerca di sfuggire all'abbraccio mortale dei parenti.

Il capodanno è di solito giorno di crisi paranoica. Natale è salto nel passato (Natale con i tuoi). Capodanno è tremendo, con i lanci di cocci dalla finestra, i petardi e la oscena goliardia della borghesia di mezza età, che qui mostra il suo volto più orrendo, per una intera giornata (un po' come allo stadio, dove già si è allenata alle partite).

Inverno

L'inverno non è freddo. È giusto necessario il riscaldamento. Perciò ci si vede nei locali, cinema, e nei giri tribali. E i concerti *pop* con dopoconcerto. Oramai i concerti *pop* sono solo per i ritardatari, molti son passati a raduni *jazz folk*, a posti magari più piccoli. Al palazzo dello Sport, con la solita *superstar*, ci si vede, che è la cosa più bella, ma non c'è quasi più *feeling*. E poi ci sono un po' i teatri *off*, molto roba studentile e truccata, ma vale l'atmosfera. Quando piovacchia, Roma è plumbea anche lei, ma non dura mai molto.

Si sente, moltissimo, che Roma è un paesotto provinciale.

Primavera

Ricomincia la vita di piazza. Tentativi di fare cose pubbliche, all'aperto. Prime partenze. Molto uso delle case di campagna.

Pasqua, partenze brevi, tipo isola d'Elba extraparlamentare. Le piazze dei ricchi si svuotano, tipo Vigna Clara.

Estate

Si parte a metà luglio. Magari fine luglio, prendendo fiato nelle seconde case. Si parte più tardi, e si rientra più tardi che nel resto dell'Italia. Le piazze si svuotano dei soliti, ma si riempiono di provinciali che arrivano. E poi anche la calata dei periferici estremi verso il centro. Sono quelli che magari staranno qui l'estate, il *lumpen freak*, il buretto di borgata con tendenze allo Hell's Angels.

Piazze

dove si trova chi,
e per fare cosa

Piazza Campo dei Fiori

È un rettangolo, con al centro il monumento di Giordano Bruno, l'eretico bruciato dai preti, che fa della piazza l'antipiazza di Roma. È la vecchia sede degli *hippies*.

Su uno dei lati corti il cinema Farnese. Uscendo dal cinema, sulla destra, una piccola pizzeria infrequentabile; ancora sulla destra un piccolo bar, lungo e stretto, sede degli extraparlamentari frikkati, e dei *freaks* che flirtano con i gruppi.

Sull'altro lato corto della piazza, un grosso giornalaio, con accanto un bar grosso, a due entrate.

Di fronte a questo, sull'altro capo del lato corto, un Vini e Olii, rivendita e mescita, dove s'incontra il *demi-monde* del cinema e teatro, un po' *off*, *hippies* stagionati, *freaks* non di-

perati e perfino *intellighentzia* locale di si-
istra.

Di fronte al Farnese, sul centro del lato
orto, un ristorante, la Carbonara, che secoli
a era buono e non caro, ora è carissimo e
settico-elegante.

Sui lati lunghi, in uno, nel bel mezzo, la
izzeria a taglio. Non cattiva. È servita a far
opravvivere dozzine di affamati, disperati,
ovinati, e maledetti di ogni tipo, dal buco-
ane allo scappato di casa, dall'iperintellet-
uale *off* all'immigrato.

Poi, attorno al monumento stesso, gli *hip-
ies* più *hippies*, che difendono a denti stretti
a loro isola di vecchia magia tardo anni Ses-
anta.

La piazza nasce la mattina prestissimo, con
no dei mercati più belli di Roma, anche con
rezzi non inflazionati. C'è ancora la vecchis-
ima abitudine dell'assaggio, e del credito ai
lienti vecchi. Insomma, il mercato è ancora
na esperienza d'incontro, di vita, di bellez-
a, di sopravvivenza. La disposizione della
rutta, del pesce, della carne è ancora un'arte.
nutile menarla, non vogliamo rischiare di
are folklore. Però queste isole di bellezza
taliana, i veri bastioni di resistenza contro il
emico della produzione-consumo alla super-
narket vanno amati, difesi con i denti, e ca-
iti, perché non sono solo il passato, ma il
uturo della gente.

Al mercato ci vengono tutti, il vecchissimo
terno popolino di Campo, la mala, più gene-
almente la gente, e anche i nuovi ricchi dei
uovi appartamenti da strozzini. Loro pur-
roppo fanno alzare i prezzi e ammazzano tut-
i, e la gente comincia a capirlo.

Il mercato finisce all'una e mezzo, quasi le

due. Ci sono anche delle bancarelle di vestiti usati, in Via del Paradiso, e si compra bene, stando attenti.

Verso le quattro, dopo la siesta, comincia la piazza vera e propria, con la gente che « sta in giro ».

Si arriva alla calca degli incontri tra le sei e le sette e mezza. Poi ricomincia alle nove e mezza, e va sino all'ultima uscita del cinema Farnese, tra le 12 e la una. Qualche volta, i *freaks* attorno al monumento accendono un falò, cantano, fanno cosine, stanno magari lì tutta la notte. Ma c'è una cosa che rimarrà misteriosa, per Campo come per le altre piazze dove la gente va e viene da anni, da generazioni ormai. Perché la gente venga in massa, e poi se ne vada, è stato e rimane misterioso. Le migrazioni degli uomini nel corpo vivo di una città sono misteriose quanto le migrazioni degli uccelli.

Non cerchiamo le ragioni, che stanno probabilmente nell'inconscio collettivo delle diverse tribù, e del loro mescolarsi, influenzarsi viversi. La nostra tesi è che le tribù più ribelli, quelle che hanno creato, quasi da sole una nuova cultura, o una nuova controcultura, o più modestamente, se si vuole, diversi e nuovi canoni di comportamento, sono al centro del carciofo. Al cuore delle correnti migratorie. I motori primi dietro i quali gli altri seguono. Ma non spiega tutto, questo è certo. Un'altra ovvia e non misteriosa spiegazione è che la presenza e l'assenza delle tribù segue la presenza, negli ultimi anni, delle droghe leggere, e pesanti, i suoi *dealers*, i periodi di magra e quelli di ricchezza, le retate di polizia e i momenti più rilassati. E a queste storie sono legati i momenti di creatività collettiva.

politica e no, e i momenti di cupa, tremenda paranoia collettiva, i calci dei fucili dei pulotti faccia di pietra su ragazzi ignari e vittime, truci e sperduti, in notti dure che segnano. O i fuochi stupendi quando chi è rientrato dalla sua India racconta agli altri il suo cammino che è anche cammino di tutti, e che tutti devono sapere, e che solo qui, nella piazza ormai deserta, si può raccontare, sotto Giordano Bruno che da ormai dieci anni vede una nuova stirpe di eretici come lui incazzati, come lui irriducibili, e qui in questa piazza a prendere i loro roghi, che sono magari l'anfetamina o l'arresto, o la fame.

È Campo dei Fiori che continua, è qui, nell'ultima generazione che la Roma viva, quella davvero eterna, continua a vivere.

Piazza Farnese

A fianco a piazza Campo dei Fiori, della quale è il proseguimento, un po' il salotto. A Campo è il bordello di incontri, di gente che fa cose, *business*; la stessa gente che sta a Campo va anche a Farnese, quando vuole riposarsi, chiacchierare, pigliarla più calma.

La piazza ha una misura classica, stupenda. Con due fontane, e palazzo Farnese, che è l'ambasciata francese a Roma, che prende tutto il lungo lato della piazza che sta di fronte a Campo dei Fiori. La sera, la piazza è molto più buia di Campo, non ci sono ristoranti né bar. La gente si siede sul lunghissimo sedile di pietra ai piedi del palazzo Farnese stesso.

Piazza di Spagna

Di forma e di storia strana. Come piazz
da vivere, tutta incentrata sulla fontana ch
guarda la scalinata, famosissima, anche tro
po. Ha visto i primissimi « capelloni » vers
la metà degli anni '60, quando ancora la zor
di Piazza di Spagna-Piazza del Popolo era pi
na di stranieri artistici, di pittori *beat* o qu
si e d'una vita ancora di quartiere, di folklor
romanesco ingentilito dalle prime mode u
po' anticonvenzionali. Ci fu persino un peric
do in cui gli allora eroici *beat-freaks* provir
ciali (più che romani) erano attaccati dai gio
nali, ed anche, fisicamente, dai fascisti.

Un po' il *pendant* della più famosa stori
del primo *beat-freak* milanese, che portò all
tendopoli di « Barbonia » attaccata dal *Co
rierone* milanese, e poi distrutta e bruciat
dai pula della metropoli lombarda, con grar
de gioia dei benpensanti di allora.

Qui a Roma, ci furono attacchi dei fascist
e tentativi di taglio di capelli e simili amenit
filisteo-razziste. Molto bello ricordarlo ogg
visto che i *freaks*, nel breve spazio di ott
dieci anni, hanno fatto il giro completo, cor
quistando ai capelli lunghi, e agli abiti *freal*
all'iconoclastia, alla controcultura, al *rock*, a
fumo, prima i figli dell'alta borghesia, poi
figli di quella media, e infine anche le fasc
sottoproletarie, tutto in una lunga azione c
traino, con flussi e riflussi, e riflessi sempr
cangianti, e tutto partito da qui, dalle scal
nate.

Che ora invece son solo un mercatino c
paccottiglia ad uso dei turisti più facili, mes
so su da improbabili *beat* prima maniera, da
l'aria disperata, provinciale, affamata.

Ma poi, naturalmente c'è l'American Express, lì a fianco, nella piazza, l'American Express in versione romana. Per chi voglia scrivere la storia della dominazione americana in Europa, e in Italia, l'American Express dovrebbe avere una grossa importanza, e un grosso capitolo. Un po' quello che nell'impero romano, per moltissimi versi simile a quello americano che abbiamo ora, avevano le osterie dove si cambiavano i cavalli che portavano la posta di Roma, i maggiorenti e i guerrieri di Roma, e i Romani.

Solo che l'American Express, a Roma come a Katmandu, non ha solo servito da banca, cambiavalute, e indirizzo postale per gli Americani-Romani, ma anche per le nuove sterminate bande di giovani americani migratori che hanno portato, qui come ovunque, ondate di ribellione che solo i più ricchi e più asciutti figli dell'impero possono permettersi, e propagare con la gaia alterigia dei padroni che han deciso, per virtù morali loro o per profonda noia esistenziale, di fare gli straccioni.

Piazza di Spagna è stata, ed è, ancora, l'American Express. Ci è perfino nato un mercato elettronico-psichedelico, di pullmini e macchine di settima mano, che si vendono e comprano qui nelle stagioni migratorie, primavera quando si va ad Est, autunno quando si rientra ad Ovest (Est Oriente, Ovest Stati Uniti).

Ora, più che le scalinate, è la piazza a fare da polo, e c'è perfino lo Economy Book Store, la libreria che vende libri usati in inglese, a completare l'opera.

La piazza è un quadrilatero con la grand
fontana di cui tutti sanno, e due fontane m
nori. Ma sia la grande che le più piccole sor
in grande scala.

Con panchine di pietra. Sempre con gent
mattina, pomeriggio e sera. Bottegucce e ga
lerie d'arte tutto intorno danno una atmosf
ra Mediterraneo anni '50, piuttosto ricca; l
spazio rotto dalle fontane è stupendo ma al
che con una punta di maestoso. I tre bar « es
trafighi alla francese » accentuano la cosa. So
no il Domiziano, con l'edicola a fianco. Il Tr
Scalini, di fronte, a fianco alla chiesa sul lat
lungo della piazza. Il Navona, verso il fond
della piazza sul lato sempre dell'edicola.

Attorno alle panchine, bancarelle dei pittol
e pittorelli di roba commercialmiserevole far
no colore locale, tipo Montmartre. I tre ba
sono la vecchia, gloriosa *scene*, il vero *dem
monde* del cinema e teatro; molti *gay* speci
di domenica, moltissimi o quasi tutti gli strʒ
nieri di soldo e di rango intellettuale, giornʒ
listi di nome.

Ciascuno dei generi ha il codazzo di aspi
ranti alla corporazione, un *remake* dell'ulti
mo disfatto periodo rinascimentale. Per il *ga*
vero, stupendo e teatrante o cinematograficc
c'è quello squallido e semimarchettaro, ma
gari tre. Per il giornalista, il culturato all'ita
liana, provincial-grottesco-mondano. Per le
straniero giusto i pataccaro-Cinecittà-post
hollywoodiana.

Negli anni '60, è stata Cinecittà e tutta la
sua fauna di attori, generici, belli e americani
Più la *intellighentzia* televisivo-giornalistico
politica. Nella seconda metà degli anni '60 so

no arrivati i *freaks* a colorare e vivacizzare il tutto, ma quelli più leccati e rifiniti. Quelli più veri non ci si son mai trovati a casa. Da quando, e sono anni, è diventata isola pedonale, si è fatta ancor più salotto. Ma continua anche ad essere popolana, per via della popolazione delle viuzze tutto intorno. Soprattutto a certe ore del giorno.

I tre bar, Tre Scalini, Domiziano e Navona, ormai sono così cari — non c'è più niente per meno di 500 lire — che hanno ricreato, in pantomima, le due classi. Quella borghese che siede ai tavolini, e l'altra, fatta di *freaks*, popolani, militari, *beat*, artistoidi, personaggi e ragazzi in genere, seduti attorno alla fontana, sulle panchine di pietra, o in perpetuo movimento, come nella passeggiata serale del corso di provincia.

Negli ultimi tempi, sono ritornati i *freaks* di provincia, per ragioni misteriose, e forse effimere, a popolare i bordi della piazza.

Resta il punto d'incontro, professionale come sentimentale, più classico, e più classicamente bello della città.

E non abbiamo detto delle dimostrazioni, innumerevoli, che la piazza ha visto. Da quelle dei radicali a quelle dei *freaks* ad Almirante, che qui si fece un podio alto sette metri, alle femministe, ultima fiorente speranza d'un movimento di liberazione non legato ai vecchi partiti.

Ristoranti
tavole calde, snack bar

dove e come si mangia
e si sopravviv

La situazione è tragica. Spendi troppo, e ti avvelenano. E non è nemmeno che spendendo moltissimo non ti avvelenino. Diffidare di tutto e di tutti.

I ristoranti sono per chi ha cinquemila lire, o più, da buttare per un servizio borghese più che per un pasto.

Il ristorante, da rito tribale all'italiana, per ricchi ma anche per poveri, almeno qui a Roma, si sta riducendo a fatto elitario, a simbolo ritualistico, o peggio, all'unica maniera, cara e squallida, di risolvere una serata sociale alla romana.

I buchi normali son diventati spesso tavernette, e passati dalle 1500-2000 alle 4000, e quel che è peggio sono corrotti (cibo e servizio cattivo) e corruttori dell'ambiente. Trastevere, ormai una quinta di teatro fintogodereccio mangereccio, è l'esempio più squallido. Non c'è rimasto che un ristorante popolare, Augusto in Piazza de Renzi, e speriamo che ci sia ancora quando leggerete questo libro.

I ristoranti dignitosi, negli ultimi due anni, sono diventati figastri, pretenzioso-cafoneschi, impossibili.

E poi sono arrivate, in massa, le *superstar*. Tre anni fa eran tre posti per turista americano, tipo Cencio la Parolaccia, o quello con l'antico romano alla porta. Ora son diventati miriade. E come due o tre in Santa Maria in Trastevere, anche in questo pilota, siamo alle cinquantamila con liquore. *No comment*.

Tavole calde e rosticcerie erano, prima, già l'alternativa al ristorante.

Negli anni '50 nasce la rosticceria già ben nutrita, anche se sul grasso, e al suo seguito la tavola calda, più differenziata, e sempre con più posti a sedere della rosticceria.

Gli anni '50, il *boom* dell'edilizia, i muratori che mangiano la mezza pagnotta, mezzo chilo di pane con la frittata dentro, e vanno a comprare il litro di vino, sono l'anticamera della tavola calda, della versione contadino-operaia del ristorante.

Le prime impiegatine che tornano a casa di corsa con la cinquecento a preparar da mangiare in fretta, doppie schiave ancora ignare del capitale e del marito, comprano le prime fette di *roast beef* e « fanno » la rosticceria.

E poi le fiaschetterie, dove c'erano gli spaghetti e il litro di vino — si accettano clienti con cibi propri — sono anch'esse parte dell'immagine d'una Roma, come di una Italia massacrata dai supermercati e napalmizzata dall'Americanizzazione. Nessuno ormai accetta clienti « con cibi propri » se non gli ulti-missimi buchi molto nascosti, molto perife-rici, molto tribali, che muoiono con i loro pro-prietari, e con loro muore, come si suol dire, un'epoca. Ma è meglio saperlo, non è che muoian così, muoiono ammazzati di morte violenta, del coltello del sistema che stritola, e sta riducendo gli italiani a mangiare merda, plastica.

Ma c'è l'America inevitabile che incalza, de-gli *snack bar*.

Che sono gli *snack bar-tout court* e gli *snack bar*-tavola calda.

Gli *snack bar-tout court* sono l'apoteosi del tramezzino, ma che è già in ribasso, medaglio-ni, paste, dolcetti, i *club sandwiches*, tramezzi-ni a due piani, frullati frappé *milkshakes* e tutte le bottigliette di bibite plasti-gasato-pub-blicizzate.

Troppi bar pretendono di essere *snack* ma non lo sono; hanno i tristissimi tramezzini vecchi, tremendi, i *toast* plastici di merda, e poco altro.

Sono squallidi e pretenziosi, spesso costosi.

Le tavole calde *snack* — che sono minori in numero dei semplici *snack* — hanno, in più delle prime, dei piatti caldi, per primo, tipo lasagne, tortellini alla crema, spaghetti, e molte cose buone. Secondi tipo *roast beef* e biete, fagiolini, insalate, funghi. Ed hanno dolci e gelati più differenziati, magari mace-donie, magari un'insalata caprese. Da bere più o meno la stessa cosa.

Dagli anni Cinquanta ad oggi s'è anche fat-to il salto. Non è più censo o ceto, ma orario, zona, e tempo a disposizione. Al ritorno dal lavoro, o scuola, o nell'intervallo tra i turni ti infili in rosticceria o tavola calda. Se ubriacone o nei ghetti ciondoli in una fiaschetteria, vecchio finito. Nel pomeriggio, dalle quattro alle otto del pomeriggio, si scende allo *snack bar* dell'angolo a prendere la birra, o il caffè, con l'amico o il cliente, e lì c'è il triste *toast*. La sera a cena, prima o dopo il cinema-teatro locale, ti infili in una tavola calda-*snack*. Al ristorante, ormai, ci si va programmando prima (per i borghesi, probabilmente, come la scopatina).

Trastevere

Ristoranti

Augusto, piazza de Renzi. L'unico vero vecchio ristorante rimasto in tutto il quartiere, anche se ha dovuto alzare un po' i prezzi. *Freaks*, extraparlamentari, operai veri e mala finta. La signora cucina bene. Augusto fa l'incazzato coi clienti, ma è soltanto un burbero (1000-2000).

Soia e Gioia, via Garibaldi. Ha fatto solo una stagione, con macrobiotici, *freaks* assortiti e guardoni. Ai macrobiotici di deciderne la bontà. Al non macrobiotico resta un po' di famina alla fine della cena. Due sale, e in una — cosa unica per Roma, e molto rinfrescante — si mangia sui cuscini, con bassi tavolini. Passando da mille a 1500 prezzo fisso ha perso i più veri dei *freaks*, e acquistato più ricca-stri e guardoni. Ma l'ambiente è tra i più buoni.

Sergio al Gianicolo, via Manara. Buono il

47

pesce, decente tutto, ottimo il risotto. Gentili loro, non male l'ambiente. Bello mangiare ai tavolini fuori, tempo permettendo. Siamo gia un po' su di prezzi (2000-3000).

Rosticcerie

Varie, ma c'è il rischio di star male dopo.

Snack bar, tavole calde

Michele, via della Paglia. Lui è bravo, svelto, sveglio, simpatico. La cucina buona, con molta scelta. Un filo grassa. Prezzi accessibili. Conveniente per quel che si mangia.

Mario's. È su tutte le guide come quello che costa meno di tutta Roma. Ma non scrivono mai che bisogna aspettare oltre mezz'ora, sempre. Anche se uno ordina formaggio. È una cosa misteriosissima, della quale nessuno ha mai saputo o capito la logica.

Ci vanno americani e stranieri delle *Guide-come-mangiare-per poco*, e se lo meritano.

Snack bar, angolo San Cosimato. Tutto normale, *hamburger*, tramezzini e varie. Servizio rapido, prezzi normali.

Casa del Tramezzino, v.le Trastevere. Non grande ma fornitissimo di tramezzini, anche buffi, medaglioni e simili. Non costa molto. Un po' sul pesante. Roba fresca, onesta e abbondante.

Pizzerie

Non consigliamo più niente. È stata la *scene* romana sino a tre anni fa. Voleva dire mangiare per poco, magari da Evo, in via San Francesco a Ripa, a mezzanotte e dopo.

Campo dei Fiori

Ristoranti

La Quercia, piazza della Quercia. Tiene ancora, ma con cucina calata e prezzi saliti molto. Coi tavoli fuori è bello, in una splendida piazzetta. Ha visto tempi migliori e gente migliore, ma va ancora benino (dalle 1500 alle 2500).

Osteria del Monserrato. In fondo alla via, a fianco della tabaccheria. Cucina alla buona, prezzi bassi (1000-2000).

Tavole calde, snack bar

Sono molte, ma tremende.
Meglio la pizza da taglio, quella che si compra e si mangia in mano, che con 200-400 lire sfama, come ha sfamato da anni *freaks* poveri e disperati.

Ristoranti

I due fratelli, fuori Navona. Un po' grasso, e un po' più tavola calda che ristorante. Prezzi decenti, buona atmosfera. Stranieri giusti e quieti. Miracolosamente non sputtanato. I ristoranti son cari e basta, nemmeno finto rustici, ed è meglio.
Sono anche cari a vedersi.

Bar Domiziano. Per vedere e farsi vedere, specie la domenica. E per il tartufo con panna, stupendo delicato gelato. Per il *demi-monde* del cinema, teatro, e *intellighentzia* giornalistica di mezza-sinistra, è punto d'incontro ormai storico, specie domenica.

Bibo Bar Snack, dietro piazza Venezia. Fa parte di una catena che è in tre quattro città italiane, specie Roma e Milano. Hanno scelto punti centralissimi. A Milano è in piena Brera, hanno aperto da un anno e si prendono il pubblico della Brera ormai morta. A Roma si prende tutti gli *aficionados* della zona centro. Si mangia l'*hamburger* classico, e anche i cibi italiani, ma tutti americanati. Negli anni 50 era il Piccadilly di piazza Barberini. Ora è Bibo.

Mercati di cibi e altro

per comperare meglio e a poco

Ci hanno rubato tutto, non ci restano che gli occhi per piangere.

Guarda la massaia, nel mercatino rionale, che domanda al suo abituale fornitore « un etto di grana » a trecento lire, e glielo chiede « di quello bono, ma che sia bbono però ». E lui che le dà, che le può dare, se non la merda, fatta e confezionata dai grandi caseifici.

E la pasta, dei pastai ladri e profittatori, che ci mettono il tenero (illegale) con la tacita connivenza ministeriale, perché il governo vuole tenere il prezzo fermo, ma non ha coraggio né di requisire né di colpire?

E i salumi, con dentro le balene? E i polli di batteria, l'unica carne rimasta ai poveri, insieme alle frattaglie?

È bastata una generazione, diciamo venti anni, per assassinare una delle più grandi tradizioni culinarie del mondo, una delle culture più profonde, che gli italiani ed i romani avevano: la cultura del cibo, della quale i mercati erano il meraviglioso terminale.

Certo, non è solo Roma, e non è solo l'Italia. Qualche anno fa hanno spazzato via il più grande e più bel mercato del mondo, Les Halles di Parigi. Pochi anni fa hanno fatto fuori il mercato di frutta e verdura di Milano, il Verziere. E poi sono arrivati i supermercati plastificati, che sono le nuove e sole chiese italiane, dove il suddito consumatore va ad adorare il dio prodotto.

Piangere sul latte versato (anche quello versato sulle strade dai contadini italiani e francesi incazzati) non serve a nulla.

Le cooperative, nate il secolo scorso con l'intento di fornire ai lavoratori delle città i prodotti dei lavoratori della terra, sono diventate dei doppioni del sistema di produzione, e distribuzione, capitalistica.

Non vorremmo andare troppo lontano.

Della Roma ricca del suo entroterra, con innumerevoli mercati e mercatini che si posson vedere nelle stampe del secolo scorso, e degli inizi di questo, resta ancora abbastanza, ma come svuotato, senza forza.

L'avvento del frigorifero, di per sé ovviamente una bellissima cosa, ha rivoluzionato le abitudini delle compere. E poi il lavoro delle donne, anche se a Roma, la Roma dei ceti popolari, è ancora la donna che compra, e sa comprare.

Ormai è una economia mista, con i ceti medio impiegatizi che si orientano sulla compera settimanale, nei negozi e nei grandi magazzini, e i ceti popolari che si appoggiano ancora sui mercati rionali, con una spesa mattutina, quotidiana, e una spesa settimanale, più grossa, il sabato, per gli alimenti che non deperiscono.

La recessione e l'inflazione, e la disoccupazione e sottoccupazione, hanno riportato i ceti popolari, e la fascia enorme del sottoproletariato, alla sopravvivenza pura, pasta, pane e poco più.

Ma sono tutti gli strati sociali, ad avere fatto un salto indietro. La fascia del vitello è scesa al vitellone, quella dell'abbacchio è scesa al pollo, quella del pollo è all'economia di guerra. Che fare?

Piazza Vittorio

Nella piazza omonima, un mercato grande, ben fornito, e antico. Ci si comprano ancora pulcini, anatroccoli, almeno una quindicina di tipi di olive, carni d'ogni specie e taglio, frutta e verdura di stagione, tutto a prezzi sensibilmente più bassi del resto della città. Animatissimo, frequentatissimo, soprattutto il sabato. Più di ogni altro mercato a Roma, ha ancora un filo diretto con la campagna, ha una abbondanza e varietà di prodotti che suggeriscono una maniera di vivere (di cucinare e di mangiare, ma anche di conoscere) che viene da una civiltà contadina che gli ultimi venti anni di consumismo hanno solo represso, ma non distrutto.

Ci sono anche vestiti.

I venditori gridano, vociano, apostrofano — non facciamo folklore, qui c'è vita e energia — ma non ti saltano addosso. Ti aiutano magari a comprare meglio, se sei ignorante o stupido, come spesso è la moglie ceto medio, magari sfottono chi se lo merita. E si divertono, in un lavoro che è duro, ma vivo.

È il prototipo, in meglio, di tutti gli altri mercati e mercatini della città. Chi volesse fare spesa per la settimana, e farne un momento di creazione — cosa che il comprare ormai non è più — ci dovrebbe andare il sabato. Imparerebbe molto.

Porta Portese

Via Portuense (da Porta Portese alla Stazione ferroviaria di Trastevere).

Aperto solo la domenica, dalla mattina presto alle tredici.

È veramente enorme, sconfinato, e sempre affollatissimo.

E ci si vende di tutto, dalle scarpe vecchie all'antiquariato, vero e finto, ai vestiti, nuovi e vecchi.

Assomiglia al *Marché aux puces* di Parigi, e al mercato di Portobello Road di Londra.

Come questi, è lo specchio vivente della città, ed è così famoso (le guide ne hanno sempre parlato, da dieci anni a questa parte) che ormai ci si sente parlare anche inglese, e russo, nonostante la maggior parte della gente sia romana.

Il nuovo si può comprare a prezzi leggermente minori del normale, ma nemmeno sempre. L'usato invece, specie per i vestiti, offre ancora splendide combinazioni per chi vuole vestirsi da sé, con gioia, spirito, inventiva, e con pochi soldi.

Per comprare, è meglio andarci la mattina presto, quando stanno ancora mettendo a posto le bancarelle. E così si evita anche la ressa.

Fino ad un anno fa, il pubblico era quello

popolare, più i *freaks* di mille estrazioni, e i giovani. Ora è arrivata, sotto la spinta della recessione, anche la borghesia, che viene a comprarsi cose « diverse », i *bric à brac* per la casa, dalla baionetta della prima guerra mondiale al pesciolino rosso, al tappeto. Possono costare troppo, se son cose ormai entrate nel giro delle riviste tipo « Annabella » e simili, perché i bancarellari hanno certo mangiato la foglia, e chiedono quel che vogliono. O possono costare molto poco, se son cose che non hanno « valore riconosciuto ».

È una bella lezione di economia oltre tutto: più che il valore d'uso, vale qui il valore « di interesse », e la legge della domanda e dell'offerta.

Inutile a dirsi, qui si deve contrattare, e tirare sul prezzo.

Lo sa chi compra, e chi vende, anche se sarà difficile farli scendere a metà del prezzo chiesto la prima volta.

Via Sannio

Aperto tutte le mattine dei giorni feriali, sino alle tredici. È soprattutto un mercato di vestiti, nuovi, vecchi, e d'epoca.

Quelli nuovi sono un po' più convenienti che nei negozi, e del genere, solido, utilitario, dello stile *beat* proletario da qualche anno trionfante. Giacconi, camicie colorate, scarpe solide anche se ora con i tacchi alti che sono pericolosi e fanno male ai piedi.

Hanno tentato di introdurre la moda annuale, in queste cose, ma non è che ci riescano molto.

Per i vestiti usati, dai golf, maglioni alle

gonne, camicie, giacche, c'è un assortimento sempre diverso, e di provenienze più eterogenee.

Sia Sannio che Porta Portese ricevono molta roba dal *surplus* americano che viene da Napoli, e sono spesso le cose migliori, per quel che si paga, e per come son fatte.

La cosa più bella è quella di frugare negli *stand* dove si trova di tutto, per cinquecento o mille lire.

Purtroppo, i ragazzotti dei primi corridoi di entrata, che vendono il nuovo, vi aggrediscono appena arrivati, ma basta evitare loro, per arrivare alla parte del vecchio, e trovare buone cose anche tra le vecchie pellicce, e i *surplus* militari all'italiana, dai cinturoni agli scarponi, o le giacche kaki, tutta roba ideale per chi si vuol vestire come vuole, da surrealista.

Il Paradiso
Piazza del Paradiso (Campo dei Fiori).

Proprio a fianco del mercato alimentare di Campo dei Fiori.

Sono sei bancarelle di vestiti usati di ogni epoca e stile.

Si trovano ancora i panciotti contadini, si comprano le divise da cameriere, o divise militari pagando poco.

Nelle vie tutt'intorno ci sono negozi di mobili, lampadari e suppellettili magari *kitch*, ma che hanno più vita, dentro, di quelle degli stupidi e asettici negozi sofisticati, e morti, d'altre zone.

Negozi, mercati, abbigliamento

*per farsi belli, o brutti,
ma non come tutti*

L'abito non fa più il monaco, e non fa più né il *freak* né l'impiegato. Cioè, gli abiti, ed anche i capelli (lunghi) non significano più né protesta, né diverso modo di vivere e di pensare, nemmeno partecipazione alla stessa controcultura, e gli stessi miti.

Era cominciata con i capelli lunghi dei Beatles, e con i vestiti un po' frikkati, e sono ormai dieci anni.

Da noi han cominciato quelli che ci credevano, nella ostilità generale: capelli e vestiti. Poi, come sempre, il cerchio si è allargato a comprendere magari lo studente simpatizzante, e il sottoproletario di provincia genuinamente affascinato, e sinceramente imitatore. Poi, presto, i negozietti *boutiques* a correr dietro ai nostri stracci...

Che sono stati protesta prima, poi festa, e ora ci son solo le versioni plastificate, costose, per figli e figlie dei riccastri stronzi, che comprano da Fulgenzi. E comprano, come si dice nel linguaggio politico, non vestiti, ma ideologia. Comprano cioè la pretesa, completamente finta, e patetica, di essere e vivere vita che non hanno, e mai avranno. È come se i canoni *hippy*, meglio dire *freak* (storicamente l'*hippy* post-'68), fossero stati tutti ripresi, recuperati, massificati e plastificati, dall'inizio degli anni '70 ad oggi. Specie l'abbigliamento femminile. Il *freak*, nell'abbigliamento come in altri campi, oggi preferisce mimetizzarsi, per agire indisturbato, su cose ormai più solide. Alle spalle si è lasciato il resto della società, ad imitare le sue cose-vestiti di cinque anni fa.

All'inizio, l'abbigliamento capellone era una forzatura del dandismo eroico preborghese (giacca a quattro bottoni dei Beatles). Poi l'esplosione floreale esistenziale, dal '65 al '68. Dal '69 al '71 le stesse cose, ma già lise, usate, più *casual* e strappate dall'autostop e dall'inizio della differenziazione tra gli inventori e la prima ondata di compratori fighetti di Fulgenzi (lui, così fuori che è pure simpatico).

Negli anni '70, ognuno fa come vuole, ma la vera direttrice è quella del mimetismo.

A Roma, la prima *boutique* è il Piper Market, nel lontano '66: è ancora il trionfo Beatles. Grande successo e, subito, gli imitatori.

E i due negozi del famoso Righetto — il vero nome Bartocci Sport — siamo ancora nel '66, piazzati meravigliosamente, uno ai Parioli e uno a 50 metri dal Piper. Sono i primi *jeans* e pantaloni tagliati a *jeans*, roba americana sul *country*, roba inglese più sul fighetto. Righetto era la versione più popolare del Piper Market, che era solo un *remake* all'inglese. Poi Carnaby Street: negozio studentile, negozio per donna, e un sotterraneo già tutto negozio *pop*. E la valanga degli imitatori. Si sbraca tutto, alla romana, tra il '68 e il '69, con i negozi tutto per giovani, che spalancano le porte, e recuperano tutto (ricordate i *jeans* venduti lisi, stropicciati nella sabbia e varecchina prima di esser messi in vetrina?).

Il Titan e Piper, per anni ed anni, sono un salotto *cocktail party* dove nascono i nuovi generi, tra il '65 e il '69: *dandy-kinky* all'inglese, cravatte e giacche lord Brummel e cravattoni enormi. Genere *beat*: con le mille diramazioni, *yé-yé*. Per le donne il Courrèges, solo bianco e nero, veniva dall'*op* appena lanciato. Già allora, dall'inizio, c'erano le ondate che si accavallavano una sull'altra, a volte venute dall'esterno, a volte anche create dalla tribù *freak* locale.

Molto passava per Piazza di Spagna, dove stavano a sedere gli stranieri, già futuribili, con cose che raggiungevano poi l'Italia due anni dopo circa.

Era, a quel tempo, importante vestire, ed importante avere i capelli lunghi, le basette, un aspetto che dicesse al resto del mondo il famoso: « Noi siamo diversi! ». Le penne e le piume dei *beat-hippy-freak* erano un voler dire: « Noi siamo più colorati, e più liberi, quindi meno grigi di voi! ».

Era anche il tempo in cui si veniva pesantemente insultati sugli autobus. Il *tempo* aizzava i fascisti ad andare a tagliare i capelli ai « degenerati di Piazza di Spagna ». Cosa che avvenne, e per un momento solo, gli extraparlamentari li difesero, per un po', dopo la spedizione fascista. Fu forse l'unico momento che movimento *hippy* e movimenti extrapar-

59

lamentari si trovarono. Gli anni che seguiranno li vedranno avere storie parallele, ma senza mai incontrarsi, se non forse, appunto, in qualche capo di vestiario.

Ma gli extraparlamentari giocheranno prima alla Che Guevara, poi alla maschietto duro, poi ai kaki e simili. Gli *hippies* invece si toglievano le piume a una a una, e passavano le loro cose ai soliti — guardoni — copioni studentili.

Cos'è rimasto?

Il fatto che l'impiegato non si mette più giacca, camicia bianca e cravatta. Tranne che non voglia. Tutto è diventato più comodo, più fruibile, meno restrittivo. Dal nucleo centrale della decina di *hippies* di Piazza di Spagna e del Piper siamo arrivati alla totale massificazione della magliettina e altre cazzate finto giovane libero. Nel calderone delle strade e piazze romane, come per le altre cose, è bello ritrovarsi, all'angolo della strada, proprio tutto. Lo studente anni '50 che si sente molto *free* con la cravatta sgargiante, e il *freak* con dieci anni di strada sulle spalle, con addosso un paio di *jeans*, e una maglietta a tinta unita, mimetizzato.

Negozi

In cerchi concentrici, dal centro verso la periferia.

Kiss Mama, traversa di via del Moro in Trastevere. Oggetti belli, scelti con cura e amore. L'unico padrone di *boutique* che sia un giusto, Roberto, che si occupa anche di un locale non lontano, Occhio Orecchio Bocca. I prezzi non sono bassissimi.

Da Marco, via del Corso, zona di piazza Venezia. È un po' un supermarket delle calzature. *Remake* di tutti gli stili correnti, a prezzi più bassi, però ci perde la durata.

Vadim, via del Corso, zona centrale. Negozio figotto, con strizzatina al *pop*, musica e commesse. I prezzi sono i più bassi di un genere stratosfericamente alto.

Standa, via Cola di Rienzo, zona centrale. La più fornita di tutte le Standa di Roma. Le Standa sono ormai i magazzini popolari, la Upim è andata su di prezzi e la Rinascente è quella che è. Questa Standa è l'equivalente occidentale di un bazar orientale. Maglioni, camicie, giacconi, magliette, se si screma la merda, sono comprabili, a prezzi massificatamente accettabili.

Via Cola di Rienzo, via Ottaviano, via Candia. Le tre vie popolari di Roma per negozi di abbigliamento a basso prezzo, per famiglie. Adesso con dentro qualche vetrina psichedelica.

Parchi pubblici

per pigliare aria,
sole e giocare

Anche se è stato detto mille e una volta, la storia del verde pubblico di Roma, e quella del gangsterismo mafioso che va sotto il nome di speculazione edilizia, va ridetta, anche qui.

È una storia unica al mondo, nel suo obbrobrio: come in venti anni sia stato massacrato, sfigurato, distrutto quel che duemila anni avevano fatto della città.

Gli anni Cinquanta erano ancora le pecore fuori porta, la gita ai Castelli, e spazi verdi urbani, alcuni grandiosi, altri addirittura contadini. La città viveva di ville, spazi verdi in altri secoli per l'aristocrazia, in questo secolo per il consumo magari banale e domenicale, ma indispensabile al vivere decente di tutti.

Venti anni sono bastati, e i giochi sono fatti. Solo le macerie sono rimaste.

Del rapporto città-campagna non è rimasto

che l'incredibile, bellissimo mercato di Piazza Vittorio, e naturalmente i cento mercatini che di casareccio hanno ancora qualcosa, ma poco.

Gli accenti, i dialetti, i colori, e verdure e frutta, a segnare il variare delle stagioni.

Del verde polmone della città non è rimasta che qualche villa, da Villa Borghese a Villa Pamphilj, assediate dal proverbiale asfalto e cemento.

Le ragioni dell'obbrobrio van cercate sui giornali, nelle carte dei notai, delle immobiliari e dei politici, ma anche nel protervo, gretto, rozzo egotismo piccolo borghese che ha idolatrato le mattonelle del bagno e la televisione, in un trionfo di urbanismo, di casermoni mortuari che la speculazione edilizia ha costruito, ma il subconscio borghese collettivo ha ideato.

I contadini inurbati hanno solo subìto.

E la città è diventata una congerie di ghetti dove l'unico fazzoletto di verde è lo spiazzo terra di nessuno in attesa della ruspa o il miserabile foglietto d'erbetta plastica a 5 mila al metro quadro più due alberelli della premiata Sgaravatti piante, che fanno del complesso condominiale un Residence, con prezzi su.

Oltre al verde, la città ha avuto, per molto tempo, un fiume, di nome Tevere, che ora è morto, ammazzato.

Mentre a Parigi la Senna è ancora bella, anche se plastificata, e a Londra il Tamigi dello smog e barconi ancora tiene, il Tevere è morto, e morto così male che nessuno ne parla, perché si vergognano.

Ci sono chilometri di sponde morte, inabitate, non vissute, lasciate al masochismo dei pescatori e al vandalismo dei ragazzini, senza chioschi, senza servizi, senza amanti, senza futuro.

E poi gli alberi, che facevano ed in parte fanno la città una città mediterranea, che contrappuntano i monumenti, che profilano i colli ormai smangiati e corrosi, che si proiettano sui cieli pastello.

Il cielo, se non altro, è rimasto relativamente intatto, perché, dopotutto, questa è una città di preti e di impiegati statali, areata, aperta, e senza molte ciminiere.

Eppure, quando tutto è detto, va detto anche che ormai è stato toccato il fondo, che ora è l'ora di risalire la china. I guasti, gli scempi, sono irreversibili.

Ma ora, la borghesia capitolina comincia ad accorgersi che i suoi figli son bianchi, smunti, con i visi da frequentatori di bar e di piazze. Ora che s'è fatta anche la residenza secondaria, dilaniando così mezzo Lazio, si converte rapidamente all'ecologia da programma televisivo, che è qualcosa.

Di più, molto di più lascia sperare la nascita politica dei ghetti-quartiere, dove la rabbia comincia a far posto alle prime esigenze alternative, dal basso. Magari imbalsamate e imborghesite dal sindacato-partito-Paese Sera, ma più di questi vive, come son vivi, ed irriducibili, arbusti, cespugli e colori dell'ultima periferia romana, nonostante tutto, ancora.

Che le prossime amministrazioni espropriino e consegnino a Roma altre ville di verde, che tengan meglio quelle esistenti, è ormai una necessità, anche se la politica della capitale ne fa un balletto macabro, repellente.

Ma già il presente, ed il futuro prossimo, è nelle mani dei comitati di quartiere, dei collettivi di isolato, dei gruppi di questa o quella idealità dove si posson mescolare, che so, il vecchio professore con le mani pulite e il giovane incazzato. E pensare che lo scempio è stato fatto con la scusa di dare « a tutti una casa ».

Eppure, prendete Villa Borghese, l'unica villa veramente entrata a far parte del tessuto della città (ci son voluti 70 anni, lo stato italiano l'ha comprata nel 1902). O Villa Pamphilj, aperta al pubblico da pochissimi anni, e in preda all'incuria. Entrambe bellissime, ed uniche, di una magnifica dimensione che è quella della grande Roma, quasi tutta *ad usum* turisti. Le ville invece, vivibili, e godibili, a tutti.

Villa Doria Pamphilj

È la più grande di Roma. C'è voluto un casino di tempo, pagine sui giornali, bizantine manovre di corridoio, e patteggiamenti per comprarla ai Doria Pamphilj e darla ai romani. In stato di abbandono la flora, come le statue, fontane, grotte, edifici.

Ci sono quindici giardinieri, e ce ne vorrebbero 40-50.

Si dice, ma è più leggenda che storia, che il primo a farci la villa sia stato l'imperatore Galba. Nel secolo scorso ci hanno attaccato, alla Villa Pamphilj vera e propria, la villa Corsini, e da allora la Pamphilj ha preso il nome di Villa vecchia. Ci passeggiava Innocenzo X, che nel 1650 o giù di lì la allargò, e ci fece costruire la grande Villa Belrespiro, dall'Algardi. Il tutto, come nella migliore tradizione papale, per suo nipote, principe Camillo Pamphilj, che sposava Donna Olimpia detta la Pimpaccia. Lei era tremenda, avidissima. E i romani del tempo, molto più bravi di quelli di oggi a pigliare per il culo potenti e padroni, imbastirono su di lei una bella leggenda. A mezzanotte, ogni notte, con due bauli di scudi d'oro che ha tolto al vecchio Innocenzo X moribondo, lei sale su un cocchio nero, che si lascia dietro una scia di fuoco, e attraversa ponte Sisto, per andare a fare il bagno nel fiume, in una sua proprietà dalle parti di Trastevere.

C'è una fontana del Bernini, una volta tanto in forma, si chiama la fontana della Lumaca, ed è stata Donna Olimpia a farsela mettere nel suo parco, era stata fatta dal Bernini per Piazza Navona. È ancora lì, non lontano dall'entrata laterale, solo che non ha acqua. Le piante seminate nella villa sono stupende, dai soliti pini italici a piante esotiche, come i cipressi di palude, piante di avocados, e i ginkgos. Ma le cascate d'acqua che portavano ad un laghetto, nella zona vicino alla fontana della Lumaca, sono tutte sbrindellate: fanno pena e rabbia. Vicino alla grande villa, c'è uno spiazzo che è diventato un campo del pallone per accaniti, dagli undici ai diciassette, tutti i pomeriggi.

Dopo i recenti fattacci, molestie a bambini da parte di un giovane minorato mentale, ora per i viali gira sempre, o quasi, una « pantera », a passo lento.

Pamphilj ha rischiato, nelle recenti estati, dal '71 al '74, di diventare la villa degli *hippies* ondata anni Settanta. Un grosso festival *rock*, una bella tre giorni messa su da un ineffabile personaggio *beat* romano col pallino dei festival e qualche entratura in Comune, Giovannino Cipriani, la lanciava nel 1972. Un buon 50 mila giovani, *rock*, panini e un fil di fumo. L'estate '74 Giovannino ci ha riprovato, ma tra la pioggia, il fatto che il *rock* è ormai un'industria senz'anima, e la mancanza di grossi gruppi, è stato un tonfo.

Villa Pamphilj è rimasta ai pensionati, ai ragazzini, alle bambinaie della *upper class*, e ai domenicali. E va già bene.

Manca però totalmente di servizi, non uno scivolo per i bimbi, non un chiosco per le bibite. Ma c'è.

Dimenticavamo, il parco è all'inglese, più di ogni altro in Italia.

Il che vuol dire, con alberi nel mezzo di spazi di verde dove uno passeggia.

I giardini all'italiana sono invece quelli tutti costruiti, dove uno passeggia nei vialetti e guarda soltanto, o si siede sulle panchine.

Villa Borghese

Lo Stato italiano la compra, e la dà ai romani, nel 1902. È un grande acquisto, una grande acquisizione. In questi settanta anni ha dato relax, riposo, filosofia, amore a generazioni di romani, che ormai l'hanno inglobata nel loro mondo, al pari dei Castelli, che però sono ormai sputtanatissimi, e delle osterie fuori porta, che però sono sparite, ingoiate dal cemento, dal neon, e dalla plastica.

Villa Borghese è lì, col laghetto, con l'orologio ad acqua, con giardinieri bravi che la tengon bene, con la casina, col burattinaio che ancora tiene, col baretto dove vanno i quindicenni che fanno sega a scuola, con i viali, gli alberi, le scalinate che salgono da

Piazza del Popolo, con la grande terrazza col chioschetto, la vista, e le panchine...

Un'istituzione alternativa.

È il cardinale Scipione Borghese, nipote (anche lui!) di papa Paolo V che inizia la villa, nel 1605.

Come le ville del Rinascimento, anche questa doveva essere luogo di festa, non il posto per abitare. In seguito diventerà la casa della famosa collezione di statue e dipinti della famiglia Borghese.

Resta, anche oggi, una delle più belle collezioni del mondo, con materiale che va dalla Grecia antica ai lavori del Bernini. La scultura più famosa è quella dell'altrettanto famosa Paolina Borghese, sorella di Napoleone, un *best seller pop* se mai ce ne fu uno. La villa dei Medici è chiusa al pubblico. Ci fanno, ogni tanto, spettacoli, e ci è venuto, con il suo spettacolo-circo, Jerôme Savary, mirabolante capocomico d'una stupenda banda di attori-non attori che partì dalla piazza della Contrescarpe a Parigi, nel maggio '68.

Ma giardino e parco, aperti al pubblico, sono variegatissimi, punteggiati da boschi e boschetti, rovine sparse qua e là, un anfiteatro, il laghetto, un'uccelliera, la scuola di equitazione. È, insomma, un mondo.

Dicono che il cardinale Scipione avesse in mente, quando la faceva, la villa dell'imperatore Adriano a Tivoli, quella dove Adriano ha cercato di ricostruire monumenti e bellezze che aveva visto nella sua vita di conquistatore in molte e diverse parti del mondo.

Si dice anche che il cardinal Scipione si sia mangiato enormi fortune, per farla. Ci piantò quattrocento pini. Commissionò Giovanni Fontana per i giochi d'acqua e le fontane, e

ernini per alcune sculture per il giardino. Il
osco, con cipressi, platani, pini, lauri e quer-
e, è di Domenico Savini e Girolamo Rainaldi,
 che vuol dire, per chi non lo sapesse: *noth-
ag but the best*.

Si fece mandare i tulipani dall'Olanda, e si
ece un tempio dorico, per loggetta dove pran-
are all'aperto. Cosa che poi farà, con l'am-
asciatore di Spagna, nel 1614.

E il tutto, o quasi, per la delizia dei romani
i oggi.

illa d'Este

È a Tivoli, raggiungibile con venti minuti
i corriera, tranne che non si resti incastrati
ell'infernale traffico romano. La mettiamo
ella lista, perché Tivoli ormai è poco più di
n sobborgo romano: per andarci uno pren-
e la corriera come prende un autobus in cit-
à, o la macchina.

E come villa, che però ha un biglietto di
ntrata, a parte la domenica che è gratis, è
na villa la cui immagine di splendore, gran-
ezza e perfezione dà a chi la vede una dimen-
ione di creatività, bellezza, libertà.

La mettono anche in tutte le guide turisti-
he, ma non fa niente.

La costruì il cardinale Ippolito d'Este, figlio
i Alfonso d'Este e di Lucrezia Borgia, quan-
o faceva il governatore papale della città,
ttorno al 1550.

È una casa, e un grande meraviglioso giar-
ino che prende tutto il clivo della collina
otto la casa stessa. Quel che conta è il giar-
ino, che scende a terrazze, con 500 fontane.
a terrazza delle cento fontane, a mezza co-

sta, è una lunga teoria di bocche d'acqua co
stupendi vecchi visi di pietra, sormontati d
stemmi, l'aquila degli Este, i gigli a ricordar
il periodo in cui Ippolito era ambasciator
alla corte di Francia, e la barca simbolo de
papato cui Ippolito aspirò, ma non riuscì
raggiungere.

In vecchiaia, deluso dalla sua carriera, :
ritirò nella villa, ad occuparsi del giardino
Che è forse l'unico al mondo a compenetrar
fontane, terrazze, viali ed alberi, facendon
una cosa sola, un *habitat* che è da vedere e d
godere allo stesso tempo.

Le fontane sono ovunque, da quella più in
ponente a destra guardando dall'alto, alle pi
piccole bocche. La parte più bassa, il fond
del giardino, più sotto delle grandi vasch
d'acqua, è un quasi bosco, con fontane press
grandi cipressi. Nelle sere d'estate, dicon
che là in basso lo spettacolo delle lucciole fo:
se da favola. Ora, c'è il *son et lumière* per
turisti, versione *pop* della cosa, ma va ben
anche quello.

Dentro la villa, a pianterreno, ci hanno fa
to un bar *souvenir shop* di quelli efficient
anche se scostante. Utile.

Villa Orsini a Bomarzo

A una ottantina di chilometri da Roma, no
lontanissimo dalla autostrada del Sole, an
dando verso nord. Ma fuori dal mondo, pe
ché qui, tra i colli alti e cupi, è ancora il me
dioevo nero della aristocrazia feudale romana

Della Villa vogliamo parlare perché è un
immagine di cupa, quasi sadica sensualità me
tafisica, nelle dozzine di statue seminascost

70

in un giardino arruffatissimo, incolto per secoli, misterioso, allucinante.

Lo ha fatto Vicino Orsini, nella seconda parte del 1500, quando si è ritirato da Roma, perché voleva diventare papa, aveva troppi nemici, lo avevano già pugnalato una volta, e, o se ne andava o lo avrebbero fatto fuori. Si fece una squadra di una trentina e più di mastri, che dovevano essere tutti, uno per uno, dei maestri scultori.

E consegnò alla pietra, in trent'anni, delle statue enormi che fece fare dentro questo giardino che è oltretutto in una forra, una serie di immagini giganti di mostri, animali, bestie fantastiche e mitiche, il tutto con una vena di pesante sensualità da incubo. Le statue sono enormi, e servono enormi allo scopo. Quella del gigante che non si sa se sta spaccando un uomo in due, con la testa in giù e a gambe aperte, o se se lo sta facendo, o se se lo è fatto e ora lo spacca in due, è l'unica immagine di sessualità sadica riscattata dall'arte, come si dice. Statue in grotte profonde, in cespugli, su rocce, ed anche, sembra, statue che son servite a viverci dentro, allora, a farci serate, balletti, orge, giochi, che contenevano giochi d'acqua e di pietra. Il segno d'una sfrenata fantasia sadica, che ha lasciato nella pietra, fissandole, le fissazioni labirintiche della sua immaginazione, per sempre.

Per secoli è stato abbandonato, ora si pagan due lire d'entrata, per un biglietto. Ne parliamo perché è l'aspetto più nero, e più forte, d'una Roma ancora viva. Ed è stato, ovviamente, dimenticato e sepolto per secoli perché cose così fanno anche paura, scuotono.

71

Librerie

per trovare, tra le macer
della vecchia cultura, libri vi

Che Roma non legga è un fatto. Conferma
to dalla scarsa vendita di quotidiani e sett
manali, e dalla enorme vendita dei *Gran*
Hotel e dei fumetti come *Satanik* e *Diaboli*

Diciamolo con parole vecchie. Il popolo no
legge o quasi, leggono solo gli studenti, l
classi medie e gli addetti ai lavori.

Le librerie rispecchiano questo stato di co
se. Sono nella maggior parte posti in cui no
si può sostare, chiacchierare, leggiucchiare
incontrar gente, magari scambiare informa
zioni e indirizzi.

Quelle dove si può, noi le chiamiamo vive
e di queste in primo luogo parleremo, com
punti d'incontro.

Intanto, è bene portare alla luce qui due
tre ignobili verità, che le pagine letterari
della stampa quotidiana e periodica (che ma

o quasi si occupa delle librerie) pudicamente ignorano.

Una è quella che ormai i libri restano in libreria un mese, e poi basta. Vengon sostituiti da altri, e la libreria è lì solo per vendervi quello che ha e basta, solo i migliori vi procurano quel che cercate, anche se non c'è. Ma ormai ci siamo fatti fregare da una produzione di massa che fa libri asettici, confezionati, plastici, e vi costringe a comprare quel che vuole lei, con un *battage* pubblicitario martellante pure ben fatto.

Insomma, vi dice cosa leggere, e cosa pensare.

I grandi editori, Mondadori, Rizzoli, lo stesso Feltrinelli, confezionano libri, tanti al mese, come la Fiat fa automobili. La distribuzione strangola i piccoli, i librai non danno loro spazio, non li espongono, e il conformismo culturale è la regola.

Poi ci sono persino i librai che nemmeno tengono libri sotto le duemila lire.

Ne vengon fuori solo quelli che hanno un pubblico di « studenti » o quel che si chiama un pubblico giovane, e che spesso sono le più vivaci. Da due anni a questa parte è nata una nuova specie, quella delle edicole-librerie, e il futuro è loro. Non hanno la puzza sotto il naso e hanno una situazione ideale, con le centinaia di persone che ci entrano a comperare i giornali — quelli che potenzialmente leggono libri — e spesso un contatto diretto venditore-compratore (è già arrivato l'*Espresso*? No, ma arriva nel pomeriggio, se non piove).

Ed è anche qui che l'industria della rivista si avvicina a quella del libro, con, tra l'altro, le ormai famosissime dispense a soggetto —

monografie vere e proprie — da mille lire
vere teste di ponte per portare il pubblic
dalla rivista al libro, e spesso buone.

Purtroppo, non abbiamo da segnalare s
non l'ovvio, dalla Feltrinelli di via del Ba
buino che se non altro ha tutti i libri e libel
della sinistra, extra, ultra, *under*, e tutte, m
proprio tutte le riviste minori, ad altre ch
sono punto d'incontro ma più per ragioni pc
litiche che di libreria. Solo il Remainder's
come altri remainder's, ha le poltrone, m
l'atmosfera è disperatamente asettica.

Aspettiamo con ansia una libreria che me
ta quattro poltrone, e, mio dio che enorm
novità!, magari qualche disco di Bob Dylar
Avrebbe un successo, di pubblico e di vend
ta, strepitoso.

Feltrinelli
Via del Babuino 41 - tel. 687050.

Parte d'una catena di librerie Feltrinelli ch
ha i suoi punti di forza qui a Roma, a Milanc
a Bologna e Firenze.

È stata ed è (anche se un po' meno), la li
breria dei giovani, della *intellighentzia* di si
nistra (alla *Espresso*) e degli extraparlamen
tari, dello *underground* e della controcultura

Quando c'era Giangiacomo era un magne
te, un punto d'incontro, ed aveva sino all'ulti
ma rivista *ultra* e *under*. E una sala con flip
per, *posters*, bottoni e pasticcetti plastico-psi
chedelici, ma il tutto così evidentemente sput
tanato e mercificato, per liceali viventi di luce
riflessa, che faceva o ridere o incazzare. Ap
prezzata perché aveva tutte le riviste, ed era
l'unica in Roma, ma poco rispettata per i

crasso commercialismo, fu comprensibilmente colpita dai giovani che i libri, più che comprarli, li « liberavano ». Una tremenda occasione perduta, nel post-'68, quando con qualche milione questa (e quella di Milano e Bologna) avrebbero potuto diventare i centri di propulsione d'una cultura dal basso, d'una controcultura all'italiana. Invece rimase solo una libreria, con nel retrobottega i fighissimi impegnatissimi violinisti tipo Nanni Balestrini, scimmiottando la psichedelia d'accatto, prendendo i soldi e perdendo il treno. Pare Giangiacomo abbia tentato anche di aiutare-comprare il primo, bellissimo giornale *under* italiano, *Onda Verde*, a Milano, al tempo di Barbonia City, la tendopoli comune poi fatta fuori dalla pula milanese, su commissione dell'allora razzista *Corrierone della Sera*. Poi vennero (di Feltrinelli editrice) i libelli politici di battaglia, a poche lire, l'unico tentativo di fare battaglia politico-culturale originale; poi Feltrinelli lui, Giangiacomo, passò all'azione metafisico-politica, e la libreria continuò, e continua, a far soldi e farsi fregar libri. Negli ultimi anni, specie gli ultimi due, ha perso terreno, perché non è più l'unica della città ad aver le cose sinistrissime, ma è sempre quella che ha tutto, anche le case editrici minori, del versante sinistro. E che il sabato diventa una bolgia, quando tutti vanno a comprare il loro libro-santino rosso e tutto post-marxistino, pieno di tesi, e d'analisi, fatte, ovviamente, dal professorino, insomma, ad uso di molti incazzati e virulenti studenti, armati di Mao, o Guevara, sino ai denti. Ma ovviamente tutti di sette diverse, in concorrenza così feroce che la concorrenza che si fanno le diverse saponette è al confronto acqua e

sapone. Il tutto sia detto, e diciamo con
per amore, temperato da critica ironia.
Feltrinelli sia, e continui ad essere, e i cent
fiori.

Libreria Rizzoli
Via Veneto 76 - tel. 465600.

È la sola libreria a Roma aperta sino a mez
zanotte, ed è ben fornita, ovviamente, anch
di libri inglesi e d'altre lingue, presumibil
mente per le letture di chi, qui intorno, più
che comprensibilmente, si annoia.

Libreria Rizzoli (ex Hoepli).

È la più fornita di Roma, e copre bene le
discipline speciali, dalle storiche alle scienti
fiche. Quelli che ci lavorano, purtroppo chia
mati commessi, sanno cosa uno cerca, e ci
capiscono, cosa importantissima. Ma il tutto
è senza *feeling*, con atmosfera da supermer
cato, un po' come le nuove grandi librerie di
Saint-Michel a Parigi. Centralissima, con a
fianco una delle edicole più fornite di Roma,
è anche un posto per darsi appuntamento, e si
vede che la gente lo fa. È molto ampia, con
scaffali divisi per generi, e un bancone con le
novità, che non è stupido, uno ci dà un'occhiata e può davvero lasciarsi andare a comprare
« d'impulso ». Tra parentesi, le librerie con i
banconi che uno può guardare tutto, e che
puntano molto sull'acquisto d'impulso, sono
la razza migliore; invece ci sono quelle odiose,
dove appena uno entra gli saltano addosso, e
dove quasi sempre i clienti sono del tipo « vor-

rei un libro per mia nipote, sì un romanzo, ma non strano, di quelli che si leggono bene, sa, chi è quell'autore... ».

Uscita
Via dei Banchi vecchi 45 - tel. 652277

Andarci è un *trip*, magari un po' sul pesante, ma sempre un *trip*.

Assalita dai fascisti più volte, vale soprattutto per ciclostilati, *pamphlets* e piccole pubblicazioni della sinistra *ultra*, ma anche di gruppi e gruppetti autonomi, spontanei, sempre *ultra*.

Atmosfera familiare — siamo tutti compagni — ma severa e seriosa.

L'importante è che ha cose che altri non hanno, perché hanno il filo diretto con la base extraparlamentare, e funzionano anche da centro di discussioni, incontri, dibattiti, film e altro.

Paesi Nuovi
Piazza Montecitorio 59-60 - tel. 681703

Specializzata, come dice il nome, sui problemi del Terzo mondo.

Inequivocabilmente di sinistra, e fornitissima nel suo settore, rispecchiando una presenza romana di giovani stranieri studenti che sono attivi, interessanti, politicamente impegnati.

Ha anche parecchio sui movimenti di liberazione, sul cinema, sulla sociologia, e sul cattolicesimo dissidente.

Libreria Tombolini
Via IV Novembre 146

Una vera libreria all'antica, fondata dal
Tombolini, e dal suo collaboratore Baroni.
Fornitissima, serissima, nella zona di Piazza
Venezia.

Buona, sia per la cultura generale che per
le cose meno correnti, dall'astrologia alla psi-
chiatria. E con libri inglesi e francesi. La cosa
più bella è che è una libreria che vende ancora libri, non oggetti. E si sente.

Libreria La Maddalena
Via della Stelletta 18 - tel. 6569424

È libreria, ed anche centro femminista, molto attivo. La libreria ha comprensibilmente
tutto, ma proprio tutto sul femminismo, italiano, francese, inglese, americano, tedesco,
australiano. È ferrata soprattutto sui *pamphlets*, documenti politici, tutti dichiarata-
mente di sinistra e poi anche libri per bambini, che purtroppo costan cari.

La libreria sta al primo piano, la tengono
e gestiscono donne, e fa da punta di diamante e punto di riferimento per la miriade di
gruppi che si richiamano al Movimento di liberazione della donna. Che si è dimostrato,
qui a Roma come nel resto dell'Italia (ed anche in paesi come la Gran Bretagna, gli Stati
Uniti, la Francia) il figlio principale (ed eccoci
qua! la figlia principale!) della rivoluzione culturale occidentale che ha preso molti nomi,
controcultura, *underground*, cultura acida e
via dicendo, e che ha, se non altro, svecchiato

le vecchie politiche, e creato una congerie di spinte che vanno sotto il nome di Movimento, e di cui il Movimento di liberazione della donna, è, al di là delle opinioni e posizioni politiche, di gran lunga il più importante quantitativamente e qualitativamente, per le ripercussioni che ha sul corpo della società intera.

L'unico guaio della Maddalena è che è irrimediabilmente una situazione da e per l'*intellighentzia*. Ma è inevitabile.

S. Agostino
Via S. Agostino 17/A - tel. 655470

Parapsicologia, scienze esoteriche, astronomia, massoneria, testi antichi e dimenticati la fanno depositaria di una cultura non allineata dei tempi andati, quando c'erano libri che emanavano odore di zolfo.

Libreria delle occasioni
Via Merulana 82 - tel. 655470

Scienze esoteriche, libri rari ed interessanti. E in questo diversa, e per questo qui elencata. In più, molti libri usati a metà prezzo.

Rinascita
Via delle Botteghe Oscure 1/2

Nello stesso edificio che è sede centrale del Partito Comunista Italiano, e gestita dal partito stesso, che ha anche una casa editrice — Editori Riuniti — che fa cose ovvie, e nemmeno molte.

Qui si trovano tutti i libri comunisti e marxisti, tutta la saggistica politica di sinistra ed anche no, più libri e riviste che vengon dai paesi dell'Est. È ben fornita, bene organizzata, con una atmosfera tra il compagno e il perbenino, che in fondo rispecchia la moralità ufficiale e culturale del partito. Non si può fare a meno di pensare che con un partito così, una libreria così fa impressione più per quello che non è, e avrebbe dovuto essere, che altro.

Nel sottosuolo, giocattoli e carabattole varie dai paesi dell'Est, un po' come ai Festival dell'*Unità*. Che il partito abbia completamente abbandonato una azione culturale di punta, e si sia allineato al moralismo cultural-borghese da venti anni, è qui pateticamente evidente.

Libreria dell'Oca
Via dell'Oca 38

Partì con la contestazione snobistico-culturale. Ora ha libri interessanti e diversi. E un emporio di vestiti e gioielli, l'unica ad abbinare le cose a Roma. Ma i prezzi delle « cose » son molto alti, ma si sa, son cose molto *in*, cosmopolite, per un genere, molto romano, di contestatore ricco, magari televisivo.

Remainder's Book
Piazza San Silvestro 27/28 - tel. 6792824
Piazza del Viminale 12/13 - tel. 476927

I Remainder's sono una istituzione italiana, che smercia a metà prezzo i libri invenduti, di tre o quattro, o anche più, stagioni fa, e vende bene. È un po' come il cinema di seconda visione. Non si può scrollare di dosso il *feeling* di cimitero degli elefanti, qui si vedono bene le mode letterarie italiane, e la fine che han fatto, attraverso i libri rimasti invenduti.

Si possono anche seguire le fortune degli editori minori, e di certe collane, in una specie di radiografia impietosa ma interessantissima, di quel che non ha funzionato. Il libro troppo costoso, che tonfa per il prezzo, quello magari buono, ma distrutto da una copertina schifosa, la collana che non ha attecchito ma era bella, e magari l'editore l'ha tolta al curatore e ha mollato tutto dopo sei libri, mentre con perseveranza avrebbe magari sfondato. Ci sono un casino di libri buoni, ma non è una visione che rallegra, o fa ben sperare. Eppure Remainder's è benemerita, se non altro per le comode poltrone con i tavolini, molte, dove uno può leggersi il libro che vuole, completamente indisturbato, magari per ore. Ma è un posto per solitari, o studenti che vogliono leggere. Non c'è spazio per scambio, o conversazione. Peccato.

SO.CO. Libri
Piazza Margana 32 - tel. 6795780

Per libri e riviste — abbonamenti — albanesi, bulgare, cecoslovacche, polacche, rumene, ungheresi, iugoslave, russe e della Repubblica Democratica tedesca.

Libreria Herder
Piazza Montecitorio 117/120 - tel. 6794628

Molti libri stranieri e qualche italiano. E tanti libri per bambini.

Economy Book Center
Piazza di Spagna 29 - tel. 6790103

È parte di Piazza di Spagna, che con l'American Express, e la vendita in buona stagione di pullmini e macchine straniere di settima mano, fa da punto d'incontro per americani ed altri turisti *freak* che girano l'Europa, sempre più spesso in partenza o di ritorno dall'Est. Con macchine o pullmini, appunto.

La libreria è in fondo ad un corridoio, ma ci sono le frecce bene esposte. Dentro, un assortimento veramente grosso di libri in lingua inglese, di seconda mano, a prezzi che vanno da un terzo a due terzi di quello di copertina, a seconda dello stato. Divisa per argomenti, uno trova tutto, dai gialli alla fantascienza, dalla controcultura alle guide, al libro occasionale per l'evasione di due ore. C'è un giro e un ricambio enorme. Loro comprano anche, al 10% di copertina, e due mesi dopo che un libro è uscito, c'è già qualche copia finita qui.

Se uno li vuol proprio nuovi, o non trova, c'è una libreria di *paperback* inglesi sotto la galleria in Via due Macelli, a poche centinaia di metri, dove anche prendono gli annunci del *Daily American*. Per libri inglesi, c'è il Red Lyon Bookshop, che è un pezzetto di vecchia Inghilterra, a pochi passi dalla Feltrinelli di

Via del Babuino. E poi le edicole, moltissime, che han libri in inglese, quasi dappertutto. La popolazione di lingua inglese, a Roma, dicono sia 50 mila persone, o più, e legge.

Edicole e giornaletti

*per curiosare, scoprire,
senza intristire*

Ci sono oltre seicento edicole nella città,
da quelle eleganti, cosmopolite e fornitissime,
straripanti, di Via Veneto e Piazza Navona, a
quelle dell'estrema periferia, dove i *best sellers* sono il solito *Grand Hotel*, l'onnipresente
Diabolik (che comprano tutti, uomini, donne,
vecchi, ragazzi, intellettuali), la *Domenica del
Corriere* (notevolmente migliorata) e gli eterni giornali per il rincretinimento femminile
(ma ora li tallona l'audace *Cosmopolitan*).

Una mappa delle edicole è come una radiografia della città.

Un'occhiata all'edicola basta a far comprendere la composizione sociale della strada, della zona, del quartiere, in profondità, tra le
pieghe.

Sono servite da distributori nazionali e locali, romani, che spesso subappaltano dai nazionali: grosse potenze finanziarie, che condizionano, in senso conservatore, quando non reazionario, la stampa a Roma e in Italia.

La città è divisa, grosso modo, in « centro » e « periferia ».

Nelle 150-200 edicole del centro fanno arrivare tutto, giornali e riviste stranieri, come libri, dal *New York Herald Tribune* e *Time Magazine* ai libri da 1000-2000, ormai anche una copia per edicola dei libri da 3-4000.

In periferia spariscono i giornali stranieri, le riviste specializzate, minori, o difficili, ed aumentano vertiginosamente le copie dei fumetti, dell'*Intrepido* e affini. Tengono i libri « facili », gialli, fantascienza ed ora anche saggistica e cose contemporanee. Comandano Mondadori e Rizzoli, qui come nel resto dell'Italia.

Dipende anche dagli edicolanti — alcuni sono padroni, altri hanno solo l'affitto-gestione: ce ne sono di bravissimi, che sguazzano nella carta stampata e stanno attenti a tutto, e se chiedete una cosa ve la fanno arrivare, ed altri che se ne sbattono. Basta un'occhiata esperta all'edicola per capire di che razza è l'edicolante.

Le due edicole principe sono quelle di *Via Veneto*. Quella di Massimo, all'angolo di Via Ludovisi, e quella di Dante, all'angolo con via Lazio. Sono entrambe edicole libreria, e si può trovare tutto, dal *New Statesman*, giornale dell'*intellighentzia* progressista inglese, a *Cream*, giornale del *rock* americano, ai *paperback* italiani e stranieri.

E poi, stanno aperte sino all'alba, o quasi.

Poi c'è quella di *Piazza Argentina*, quella più grande della piazza, anche lei fornitissima, e aperta anche la notte. Sera e notte, funziona anche a fianco dell'edicola, una bancarella di giornaletti di seconda mano, i vari *Iacula*, *Satanik*, i fumetti, i vecchi *Playmen* e *Playboy*, i *Superlesbo* e *Figottin* di serie zeta, sconci davvero perché degradano il sesso, ma di lega così bassa che son quasi divertenti, fanno piangere e ridere.

Poi c'è quella di *Largo Chigi*, sotto i portici della Galleria, che ha anche cose minori che le altre non hanno.

E quelle di *Piazza Navona*, e di *Piazza di Spagna*, tutte e due molto frequentate dall'*intellighentzia*, e dagli stranieri, e tutte e due gestite bene, con attenzione, intelligenza, cortesia, quasi amore.

E poi quella di *Viale Manzoni*, aperta tutta la settimana, giorno e notte, dalle sei di mattina del lunedì alle due del pomeriggio di domenica. È anche, naturalmente, un punto d'incontro e di chiacchiericcio.

Anche qui c'è la compravendita dei fumetti, dai più banali a quelli per collezionisti, come attività collaterale, a fianco all'edicola.

Roma, si sa, è una città che legge poco, a parte gli specialisti.

Pochi quotidiani, non molte riviste, non molti libri. Un po' perché è sottosviluppata e levantina, un po' perché è mediterranea e godereccia, e infine perché le passate e recenti ondate di immigrazione dal sud sono di alfabetismo recente, e la stampa italiana, quotidiana e periodica, tutta ritagliata sulle esigenze e interessi della borghesia intellettuale, giustamente rifiuta quella roba. Ma si ritrova con cose ancora peggiori, dal fumetto sadico d'evasione ai fumetti della degradazione del sesso ai fumetti *feuilleton* rosa qualunquista, e al *Radiocorriere*, con le storie dementi canzonettistiche. Però è un fronte in rapida evoluzione, ebollizione, potenzialmente esplosivo, che offrirà grandi sorprese nei prossimi cinque anni, nonostante l'azione frenante dei grossi distributori, il costo feroce, proibitivo della carta, e la quasi impossibilità di far nascere qualcosa dal basso.

Un'ultima osservazione. Le edicole, qui a Roma come nel resto del paese, sono stracariche, con un mare di pubblicazioni di ogni tipo che si contendono lo « spazio sul banco », o l'esposizione, delle copertine o delle locandine. L'esposizione, e le locandine, sono essenziali. Se una pubblicazione, rivista od altro, resta sotto il banco, non si vende o quasi. E sono le grosse potenze, i Mondadori, Rusconi, Rizzoli, con le loro catene di giornali riviste e libri che fanno ovviamente la parte del leone, schiacciando il resto. È un tremendo anello di ferro, una catena al piede — alla testa — dei lettori.

Ed è per questo che muoiono, soffocate, tutte le iniziative nuove, alternative, dal basso, *underground*, che non trovano spazio. Che fare?

Biblioteche

*per giornate piovose
e noiose, e fare le tesi*

Ci risiamo. È proprio qui che l'incuria pubblica, e il suo rovescio, la retorica, danno i loro risultati più nefasti.

Mancano le biblioteche di quartiere, le uniche che potrebbero dare dignità, civiltà, vitalità ad una città che è splendida di ruderi, tronfia di retorica di cartapesta, e vuota di servizi.

Le biblioteche per bambini non esistono.

Le biblioteche delle scuole superiori sono quasi sempre ampollose, vecchie, inservibili, quando non sono sotto chiave.

Iniziative locali, quasi private, limitatissime ma preziosissime, sorgono un po' ovunque. Più che altro frutto della buona coscienza (o cattiva coscienza) degli strati borghesi liberali e progressisti. Qualche iniziativa anche a rimorchio dei partiti e dei sindacati.

Ma l'unica fonte di informazione culturale,

e fa terrore pensarci, è la televisione nazionale, col suo cretinismo, perbenismo e conformismo.

Tutto da fare, e tutto da fare dal basso.

Certo, qualche biblioteca c'è, al centro, più per studenti, e specialisti, che altro.

Il lettore di questo libro è un lettore. Si domandi quando è entrato in una biblioteca, a Roma, l'ultima volta.

Piagnistei a parte, quelle che ci sono sono spesso comode, calde d'inverno, fresche d'estate. Vi si possono sfogliare e leggere libri. Si può prenderli a prestito. Se non c'è il libro che si vuole, lo si richiede.

Ci vorrà qualche settimana, ma lo faranno ordinare, perché ne hanno l'obbligo.

Sappiatelo, se c'è un libro troppo caro, che vorreste leggere, e non potete comprare, andate in una biblioteca e richiedetelo. Anche nelle letture, come in tutto il resto, seguite le vostre inclinazioni, non fatevi manipolare dal consumismo pubblicitario, che impera in giornali e riviste tutte, e passa sotto il nome di critica letteraria, mentre è solo un sottoprodotto dell'industria culturale.

Ente Nazionale Biblioteche popolari
e scolastiche
Via Michele Mercati 4 - tel. 877541
Orario: feriali 9-13 16,30-19,30

È la più comoda di tutte, anche se purtroppo è in quel quartiere ricco, e completamente imbalsamato che a Roma è il prototipo dei quartieri ricchi, i Parioli.

Al secondo piano c'è una splendida discoteca, dove potete ascoltare tutti i dischi che vi piacciono.

Accademia Nazionale dei Lincei
Via della Lungara 10 - tel. 655236
Orario: feriali 9-13

A Trastevere. Molto ottocentesca e imponente. Calda d'inverno, e fresca d'estate. È più facile per un trasteverino passare per la cruna di un ago.

Accademia Nazionale di San Luca
Piazza dell'Accademia di San Luca (fontana di Trevi) - tel. 688848
Orario: feriali (dal 1° Novembre) 15,30-19,30 - (dal 1° Aprile) 16-20

Comoda, ben fornita, e con un giro di studenti che la rendono viva e interessante, anche come punto d'incontro.

Biblioteca Universitaria Alessandrina
Città Universitaria - tel. 491209
Orario: feriali 9-13

Solo per universitari, e solo quando è aperta. E, udite udite, ha anche tutti i quotidiani romani.

Biblioteca Comunale
Piazza dell'Orologio
Orario: feriali 9-13 17-20

Si possono prendere libri a prestito. E si può far ordinare quello che vi serve, e non hanno. A due passi da Piazza Navona.

Cinema

*per andare dove c'è
il film, ma anche la gente*

Anni, decenni ormai che si parla di circuiti alternativi, ma le due uniche reti alternative al cinema commerciale restano i cineclub tra cui quelli dell'Arci (comunisti e socialisti) e i cinema dei preti. La rete dei preti è Golia, ancora adesso, con una ragnatela di sale parrocchiali sconfinata, specie nei paesi e nelle provincie. Nelle grandi città, come Roma e Milano alcuni cinema d'*essai*. Roma è come per il resto del paese.

La concorrenza televisiva degli ultimi 15 anni non ha ucciso il cinema, perché il cinema è ancora « andare fuori la sera », ma ne ha fatto un'industria culturale rigida. Grossi capitali, grossi investimenti, grossa pubblicità, grossi nomi, formula sicura, pochi azzardi.

Prime visioni ormai assestate sulle 1400-2000 lire, un prezzo che taglia fuori tutta la fascia popolare, che ormai va solo alle secon-

91

de visioni e ai cinemini locali. E fa bene, perché spende poco, trova una atmosfera a volte familiare, a volte elettrizzante, sempre più interessante di quella dei cinema di prima, che sono tronfi, asettici, pompieristicamente commerciali, e con pochissime eccezioni tristissimi. Il *battage* pubblicitario è tremendo, cartelloni, *posters*, giornali e riviste, locandine. E poi i discorsi cretino-teleguidati del borghese medio, nove su dieci son film fatti in scatola, mediocri.

Nella città, che bene o male ha una grossa, stramba, buffa tradizione cinematografica non c'è, come ci sono a Parigi o a Londra, una cineteca continuativa che proietti classici, magari quattro diversi al giorno, per gli *aficionados*, che sono, a Roma, migliaia, competenti, settari, agguerriti, instancabili, iperintellettuali ma anche divertenti e simpatici, nel complesso una buona razza.

Quel che c'è invece sono i cinema d'*essai* (e quasi d'*essai*). Quelli che ci sono sono buoni davvero, e son loro a fare il lavoro di ripresa delle cose belle, e a fare della città una buona città per i cinema. Non a livello di Parigi o di New York, le due migliori del mondo, e nemmeno a quello di Londra, che negli ultimi dieci anni ha fatto dei salti enormi, ma già buona, più o meno allo stesso livello con Milano. Diciamo che ogni sera, a Roma, a parte quei due o tre film di prima di cui si parla, che sono anche buoni, si possono vedere almeno altri cinque film buoni, di quelli che *Paese Sera* mette nella categoria più alta. E questo vuol dire che uno può vedersi un *western* classico, un paio di americani, magari un paio di capolavori impegnativi, insomma, può scegliere davvero. Che è molto.

E può scegliere tra i cinema d'*essai* e una nuovissima specie, che probabilmente prolifererà, perché funziona bene, quella dei cineclub. I cinema d'*essai* non costan molto. Per i cineclub c'è la menata della tessera, ma val davvero la pena, per quasi tutti.

E poi ciascuno di loro ha una sua individualità, un pubblico eterogeneo ma vivace, insomma, una sua atmosfera in cui anche il pubblico partecipa, e fa spettacolo.

La fregatura, per Roma, è il monopolio in condominio, di Giovanni Amati e la Eti che possiedono, insieme, quasi tutte le sale cinematografiche. Su Giovanni Amati si raccontano molte storie pittoresche, e una cosa è certa, che è un affarista furbo e duro, ma della sua furbizia non guadagna certo il cinema. Suo fratello, Edmondo, è un distributore.

Purtroppo, i cinema sono cinema e basta, anche se c'è nell'aria la possibilità che le cose cambino, specie con i cineclub, che diventino cinema-teatro, cinema-cena, cinema-videotape, cinema-televisione proiettata, quest'ultima versione forse la più interessante, se e quando arriveranno le televisioni regionali, e quelle « libere ».

Qui diamo i cinema d'*essai* e i cineclub che, per quel che proiettano, e per il costo, e per l'atmosfera, sono i migliori.

Per saper tutto, bastan le pagine dei quotidiani, *Messaggero* e *Paese Sera*, ottimo quest'ultimo nella presentazione e elencazione globale.

Ma la pagina degli spettacoli, quella è codina e pedissequa (a *Paese Sera* Callisto Cossulich si difende come può) parlando dei soliti film di cui si « deve » parlare.

Poi c'è uno strano foglio, in carta pesante,

93

appeso in molti bar della città, che si chiama *La Nottola*, con l'elenco dei film, dei teatri, e pubblicità. Commerciale ma funzionale.

Filmstudio
Via Orti d'Alibert 1/C - tel. 6540464

Diretto da Aprà e Ungari, ora recentemente ripulito, è il primo cineclub, e quasi il cineclub per eccellenza di Roma. Magari un po' iperintellettuale, e un filo serioso, con rassegne sempre buone comunque, da quelle di fantascienza a quelle di musica *pop*, il più grande successo di pubblico mai avuto. Fa sempre un bel catalogo mensile ben scritto. L'atmosfera cambia di sera in sera, a seconda dei film. Il pubblico è qualificatissimo, ma sa ridere e farsi sentire. Non si può fare casino all'uscita, per via dei vicini, ma nell'atrio, anche se piccolissimo, e fuori, quando fa bel tempo, ci sono incontri, scambi, un po' di chiacchiera e di teatro.

Tessera 1000 più biglietto 400. Se non ci sono aumenti dell'ultima ora.

Cineclub Tevere
Via Pompeo Magno 72 - tel. 312283

Cicli di registi famosi, degli ultimi trent'anni. E con i cicli si tira dietro pubblico da tutte le parti della città.

Tessera e biglietto per poco.

Occhio, Orecchio, Bocca
Via del Mattonato 29

Ultimo arrivato, spigliatissimo, molto atmo-sferico, anche per come è fatto, e per la gente che ci va. Un po' adottato dai *freaks* dell'ul-tima ondata, di questa era che ormai si è lasciata alle spalle la cultura *under*.

La scelta dei film è intelligente, con riprese un po' *camp*. Sono quattro giovani che si son messi insieme, e gestiscono il cinemino, 50-70 posti, una saletta all'entrata, per miniteatro, minimusica, show e incontri, e una sala da thé al piano di sotto, in uno spazio bello da grotta.

Tessera, mille lire semestrale. Biglietto: 400.

Uscita
Via dei Banchi Vecchi 45 - tel. 652277

Con la libreria, della quale anche parliamo. È politico extraparlamentare, e non transige. Documentari albanesi, cinesi, dell'America La-tina, cinegiornali delle lotte politiche italiane come del resto del mondo. Tutto quello che è seriamente impegnato politicamente, sul versante dell'estrema sinistra. Coerente, uni-co, indispensabile.

È cineclub tecnicamente, con tessera bas-sissima.

Farnese
Piazza Campo dei Fiori - tel. 564395

È il cinema d'*essai* per eccellenza, e per do-

95

ve sta, in Campo dei Fiori, e per il pubblico, molto giovane, *freak*, extraparlamentare, sveglissimo, frizzante, a volte ribelle. Fuori, davanti al cinema, c'è sempre gente, gruppi che s'incontrano, aspettano, la menano, fanno di tutto, vivono. Fino a un anno fa si vendevano i giornali *underground* (*Fallo!*, *Re Nudo*) ed era zona *freak*, con gruppi extraparlamentari. Ora è zona extraparlamentare, con qualche gruppetto *freak*. I *freaks* stanno sul gradone di Giordano Bruno, nel mezzo della piazza, non inquinati, spenti, stanchi. I film sono sempre interessanti. È il cinema che ha la più alta percentuale di film da vedere a Roma, per chi ama il cinema, quello vero, di idee e di invenzione e creazione, senza per questo essere un cineamatore o un esperto.

E poi ci va anche la gente di Campo e dintorni, e del Rione, che insieme agli altri, fa il pubblico più interessante in assoluto, di Roma.

Il biglietto è 400 con riduzione Arci.

Nuovo Olimpia
Via in Lucina 17 - tel. 6790695

Ha una bella storia. È stato il primo cinema scalcinato di terza a tramutarsi in cinema d'*essai*, alla cenerentola. Nel '68 è stato il punto d'incontro degli studenti contestatori. Ora un po' in declino, con pubblico sempre interessante, molti omosessuali.

Biglietto 450. Riduzione Arci.

Archimede
Via Archimede 71 - tel. 875567

È stato di recente acquistato dall'Ente di Stato, che finalmente, dopo aver per anni parlato di montagne, ha partorito il topolino d'una gestione sua propria. E l'ingresso è di mille lire. Fa bei film, diciamo avanguardia italiana e non.

Planetario
Via Vittorio Emanuele Orlando 3 - tel. 479998

Non c'è più Montesanti, che l'aveva animato per anni. Ma continua a fare buoni film, con il filo diretto con la Cineteca di Stato con cui è legato. Ha anche il vantaggio d'una ottima posizione. A fianco della Facoltà di Magistero, e vicinissimo alla Stazione Termini, principale nodo romano per treni, ma anche autobus extraurbani e cittadini.

Avorio
Via Cacerata 10 - tel. 779832

Un cinema d'*essai* in zona vuota di servizi, orrenda figlia d'una speculazione edilizia feroce e senza freni.
Fa buoni film, divisi in cicli dedicati a grandi registi o, più spigliatamente, alle cinematografie di paesi diversi, inglesi, francesi, statunitensi.
Il biglietto d'entrata è basso, sotto le cinquecento.

Rubino
Via San Saba 24 - tel. 570827

Anche qui, buoni film, scelti bene. A volte anche film in inglese, per la colonia anglo-americana di Roma. Il pubblico è spesso vivace.

Prezzo del biglietto, basso, sulle cinquecento.

Rialto
Via IV Novembre 156 - tel. 6790763

Ha una sala strana, tutta in salita, verso lo schermo. E la visione non è certo buona, se uno ha davanti una persona alta, o una grossa testa. Anche qui, film buoni sempre o quasi, è un'altra carta sicura per una sera non morta. Nelle ultime file, omosessuali.

Prezzo del biglietto basso, sulle cinquecento, con sconto Arci.

Pasquino
Vicolo del Piede - tel. 5803622

A due passi da Santa Maria in Trastevere, e quindi in piena Trastevere dove gli affitti delle case sono andati di pari passo con l'inflazione, e dove la popolazione trasteverina è stata estirpata in massa, cacciata di forza verso le periferie, per far posto a riccastri internazionali e nazionali del genere finto-*freak*, finto-*intellighentzia*, finto-progressista.

Pasquino dà film in lingua inglese, commerciali, ma spesso cose buone.

Il pubblico varia da sera a sera, a seconda del film. Ma è dominato da americani, per lo più giovani, con romani che stanno imparando, o hanno imparato l'inglese. L'atmosfera è rilassata, civile, sciolta; quando i film sono *in*, si trasforma in una specie di « prima » per la colonia americana cinematografara, o pseudo. Frizzante e divertente.

La sala ha un tetto che si apre, nella stagione clemente, e lascia vedere il cielo.

Il tutto per un biglietto di settecento lire.

Mignon
Via Viterbo II - tel. 869493

Quirinetta
Via Minghetti 4 - tel. 6790012

Non sono cinema d'*essai* (il Quirinetta lo è stato) ma restano entrambi cinema « fuori circuito » come si dice nel giro, cioè fuori dal monopolio Amati-Eti, e con film buoni spesso. Il Mignon a 700 lire, e il Quirinetta a mille. Tutti e due, quindi, da tener d'occhio.

Ambra Iovinelli
Piazza G. Pepe - tel. 7313306

Volturno
Via Volturno 37

Gli ultimi eredi d'una gloriosa, italianissima, e romanissima tradizione di avanspettacolo popolare. L'avanspettacolo aveva un capocomico (sesso e politica), una spalla, almeno cinque ballerine cinque, un presentatore, e uno spettacolo velocissimo, magari grasso e di bocca buona, ma di grande godibilità. E dopo, s'intende, il film.

Ora i due cinema hanno quel che si chiama una rivista di spogliarello, pallida versione plastica della vecchia rivista, e tutto imperniato sullo *strip*, nevrotico-consumista-plastico (solo il Crazy Horse di Parigi lo ha riscattato dalla sua falsa e borghese mediocrità).

Comunque, i due cinema offrono, oltre che il film, la rivista di spogliarello, che se non altro ha un dialogo non meccanico con il pubblico (maschile, d'accordo, e potenzialmente solo degradante, d'accordo...).

Cinecittà

mito tramontato,
un po' sopravvissuto

Detta anche la Hollywood dei poveri. È sta-
, per molti anni, una versione romana, ro-
anissima, nel bene e nel male, del mondo
. evasioni e fantasmagorie che il povero Le-
n aveva chiamato negli anni Venti « l'arte
voluzionaria per eccellenza ».

E invece, grazie all'affossamento stalinista
he ancora prosegue) si rivelò (e rivela) il
ù potente mezzo di evasione per le masse
brutite e annichilite dai sistemi.

Che trovano sfogo, appunto, qui a Roma
me in Italia e in ogni altra parte del mondo
misviluppato, nel pallone e nel cinema.

Questo detto, e saltando a piè pari il muto
lle Francesche Bertini dannunziane, il fa-
ismo, buio, becero e protervo (ma astuto,
e volle Cinecittà), arriviamo alla Cinecittà
egli anni '50 e '60, fino alla sua decadenza, e
uasi morte odierna.

L'epoca d'oro fu quella dei *colossal* al
Cleopatra, negli anni '60 (20 milioni di dolla
12 miliardi di allora, 30 milioni di acqua n
nerale, tanto paga zio Tom).

I licei vicino a Cinecittà si svuotavano, p
andare a fare i generici in film come *Sodon
e Gomorra*.

Ci fu qualche anno di gloria, e poi un *rev
val*, con la *Bibbia*.

Ma sia l'industria che tutti i lustrini, tut
basato sui *colossal*, non potevano durare. I
creste, i taglieggiamenti monumentali (se v
lete fare questa scena vi conviene assumer
tutti e duecento, se no ve la roviniamo) rov
narono invece Cinecittà, e il capitale americ
no si spostò in Iugoslavia e in Spagna, cl
costavano di meno.

Oggi, non ci sono più *colossal* da un pezz
e stanno anche tramontando i film medi. R
stano i piccoli, dai 100 ai 150 milioni, e quel
grossi, da 800 milioni a un miliardo. I prin
per il solito pubblico che legge i giornali e
critiche; gli altri, per tutti.

A Cinecittà, fisicamente, c'è rimasto so
Fellini, a filmare le luci e le ombre della su
lunghissima infanzia, ultimo gladiatore.

Si gira molto in esterni ora, e molto mer
negli studi, e spesso si finisce nei vecchi st
bilimenti della De Paolis, vecchia ma spaghe
tara, con i vantaggi di una gestione più al
buona, alla romana. È cambiato, insieme a C
necittà, anche il pubblico.

Prima erano le famiglie che andavano a
cinema sotto casa, magari con i bambini. Or
è un pubblico che si muove per mezza citt
con la macchina, per lo più borghesi e copp
che « escono la sera » scegliendo su *Paes
Sera*.

Restano sempre i « film impegnati », dei registi che vengono dalla provincia e che dopo infinite peripezie che, queste sì, meriterebbero un film, fanno magari qualche buon film, che vedono solo gli *aficionados*.

Le cassette si fanno con 10-20 film per stagione, non di più, quelli che finiscono nelle sale di prima visione, a duemila lire.

Con buona pace del povero Lenin, che non ebbe tempo di teorizzare l'avvento della televisione.

Teatro off, cabaret e clubs

*dove c'è qualche verità
e molti egotri*

Per i grandi teatri, mangiatoie di stato che qualche volta danno perfino cose buone, non abbiamo molto da dire. Il teatro in cravatta ad uso e consumo delle due borghesie, quella liberale, e quella di sinistra, che dia Piran dello o Brecht, è, con buona pace di tutti prodotto imbalsamato, al più, utile come utile un dizionario.

Sullo slancio sessantottesco, era nato in Ita lia e a Roma il teatro di strada, ma senz successo.

Dal basso, come sempre, si sviluppavan però forme di teatro *off*, in cantine, scantina ti e magazzini.

Il Beat 72, come dice il nome, fu addirittu ra teatro *beat*, prima ancora che nascesse teatro *off*. Poi la Fede, di Giancarlo Nanni, f il classico teatro *off*. Poi arrivarono i clul magari misti, teatro e musica *folk*, con qua che punta di cabaret. E lì, più che storia di teatrini, è storia delle figure che li animano, attorno ai quali si crea un gruppo.

Paolo Poli, raffinatissimo e vero genio della satira dei costumi, splendido. E naturalmente Dario Fo, che ha fatto cose a Roma anche, ma che è più figura milanese, o italiana, che romana.

La figura invece più romana di tutti è Carmelo Bene, genio sregolato iconoclasta e indimenticabile degli anni '60, sia come figura di teatro che poi come regista di cinema, ma isolato dalla sua stessa unicità, ed ormai passato ad un teatro più rarefatto, ufficiale ed imbalsamato, anche se sempre d'urto.

Alla fine degli anni '60 i teatri *off*, più che altro la Fede e il Beat 72, si nutrono di speranze di rivoluzione culturale, ma non dura molto.

Negli anni '70, vedi Nanni e Vasilicò, le due punte di diamante, il teatro *off* diventa l'anticamera per *tournées* estere europee o americane, seguendo una mappa dei teatri *off*, Parigi, Londra, New York, attivissimo e anche con pubblico bellissimo, delle nuove ondate giovani. Non è teatro di strada, ma ha preso e imparato da tutto, dal circo, dalla musica, dal cabaret, dal *grand guignol*, dal mimo, e quando ci riesce, è davvero spettacolo totale, con il pubblico « messo in mezzo » come si direbbe con espressione romana.

C'è poi il teatro della matrice più politica, quello che si identifica ormai a Roma con la onnipresente Dacia Maraini che partorisce più obbrobri che altro. Specie se rappresentato a Centocelle, sotto l'egida del partito comunista, e con le Mercedes del giro Maraini-Moravia, gente che pensa con tracotanza d'avere

in appalto l'eredità contestatrice, e quindi
sacro compito di portarla al popolo. (Che
suo teatro ce l'ha nei mercati rionali, og
mattina, quando fa la spesa, oppure quand
fa scioperi e occupazioni, ed è, questo sì, te
tro di strada!)

Poi ci sono i club, una formula riuscita, c
nema più teatro più musica, magari in due
tre salette, magari anche cena, con un pu
blico dalle cento alle duecento persone, co
tessera semestrale o annuale, e un bigliett
basso. Forse il futuro è lì, dove non c'è d
stanza tra pubblico e spettatore, e dove
può far di tutto, con qualche straccio, qua
che strumento, pochi soldi e molte idee.

Beat 72
Via Gioacchino Belli 72 - tel. 899595

È stato il primo teatro sperimentale, bea
di Roma, nato otto anni fa, ed è ormai pre
storia. Allora, si recitavano anche poesie gin
berghiane, ed era centro frenetico dei prin
nuclei freak.

Poi ci son passati quasi tutti i registi te
trali che poi diventarono famosi, da Carmel
Bene a Giuliano Vasilicò.

Il bello è che il Beat 72 rimase lo stess
continua a presentare spettacoli di sconosciu
ti, musica difficile ed altre cose che son da
vero sperimentali e fuori giro. È una stori
da manuale. Lì nessuno si è arricchito, ma
proprio lì che si son fatte le cose migliori,
vissuti i momenti più belli.

Tessera bassa, biglietto un po' altino, per
ché con 100-120 spettatori è già pieno com
un uovo.

Spazio Uno (già Spazio zero)
Via dei Panieri 3 - tel. 585107

Stupendo come spazio. Nel cuore di Trastevere, ormai diventato il *big* del teatro *off*, per politica intelligente, oculata, e di successo, anche commerciale. Avrebbe potuto essere un bel posto anche per la musica *rock* e *folk*, ma non lo è stato.

Ora è la piattaforma di lancio, consacrata, per il teatro *off* che vuol arrivare agli stabili. Tessera bassa, biglietto medio.

L'inaspettato
Via di Grottapinta 21 - tel. 5803560

È dietro Campo dei Fiori, in una chiesa sconsacrata.

E questa è la sua cosa migliore. Alla sua seconda stagione di teatro *off*. Tessera alta, biglietto medio.

Aleph Teatro
Via dei Coronari 45 - tel. 560781

In uno scantinato alle spalle di Piazza Navona. Sede del gruppo Aleph. Prezzi accettabili.

Meta Teatro
Via Sora 28 - tel. 585107

Impegnato, nella ricerca e nella sperimentazione teatrale.

Piccolo e *beat*, in un vecchio palazzo vicino a Piazza Navona.

Abaco
Lungotevere dei Mellini 33 - tel. 3604705

Teatro e laboratorio di Mario Ricci, ur
dei primi registi sperimentali romani. Mol
spettacoli suoi, e gruppi ospiti.
Cose gradevoli e di buon livello. Prezzi no
bassi, ma non cari.

Alla Ringhiera
Via dei Riari 82 tel. 6568711

Spettacoli di Franco Molé e di gruppi su
ospiti, quasi tutto teatro dialettico. Non car
ma non costa neanche poco.

Tordinona
Via degli Acquasparta 16 - tel. 657206

Anche lui vicino a **Piazza** Navona: *under*
ground, avanguardia contemporanea, e teatr
di denuncia. Né carissimo né basso.

Occhio Orecchio Bocca
Via del Mattonato 29 - tel. 5894069

Alla sua seconda stagione, anche lui ne
cuore di Trastevere, a due passi da Spazi
Uno. Bello come spazio. Una sala d'entrat;
per miniteatro e minimusica, un cortilett
interno aperto, con fontana, e una saletta d;
cinema (ne abbiam parlato nella rubrica) (
uno scantinato sala da thé. Al suo second
anno, animato senza pretese, con buona vo

lontà, attenzione e intelligenza. Sembra un posto di Amsterdam più che romano. Tessera 1000 semestrale, biglietto 400, davvero poco!

Il Centro
Via del Moro

Anche lui piena Trastevere. Animato da un Michael americano strano affascinante ed improbabile, con sale cavernose in una possibile bella saletta per il cinema, tutta sottoterra.

Tessera mensile per soli ricchi (4 mila). Tende al connubio tra la Roma aristocratica e internazionale, e quella *beat* e *freak*.

Fa un po' quel che vuole, potrebbe essere un posto surreale dada. Chissà!

ARCI Circolo della birra
Via dei Fienaroli

Nuovissimo, e formula azzeccatissima: *hamburgers* e simili, a prezzi decenti, musica ed altre cose. Con tavoli e buon ambiente: sul socialista che strizza l'occhio al *freak*. Tessera 1000.

Giornali e media cittadini

*per quel che dicono, e
soprattutto, non dicono*

Roma è città capitale, da sempre: diciamo l'ovvio. Levantina, sottosviluppata capitale, da un secolo, d'un paese che è mezzo sottosviluppato e mezzo tecnocratico, politicamente da trent'anni colonia del vasto impero elettronico produttivo politico amerikano.

Capitale d'Italia e quindi sede di ministri e ministeri, senato e senatori, burocrazia e burocrati, segreterie di partito e politici, e di tutto l'apparato dell'elefantiaco potere all'italiana, che nella sua struttura e nei suoi gangli è sostanzialmente — la cosa è ovvia a tutti — mafioso.

Dietro la formale vernice democratica, molto approssimativa, la struttura di potere è rigidissima, e nelle mani di pochi, che controllano i partiti (voti e potere politico) e i complessi industriali che vivono in simbiosi con il potere politico (potere economico).

Grosso modo, sinistra e mezza sinistra hanno i sindacati, il centro ha il potere industriale e politico, quasi tutto, la destra è secondaria, e tira ad un *golpe* all'italiana.

Il tutto, nella Roma povera, becera, corrotta in tutte le sue strutture portanti, anche se fantasmagorica, splendida e squallida.

Si è detto anche che a Roma i film, i contratti, gli inghippi, i governi, si fanno tutti in trattoria. Ed è vero, anche se le tavolate di trattoria sono anch'esse la finzione democratica, formale, dietro la quale si nascondono i durissimi rapporti di forze di potere. Dal sottosegretario e i suoi accoliti, al *paterfamilias* con moglie amici e figli, tutti suoi sudditi, magari in complessissime teorie di vassallaggi personali visibili e invisibili.

Questo per dire che la comunicazione degli uomini che abitano la città è ancora nella trattoria, ancora preindustriale. I giornali italiani, e quelli romani, solo ora cominciano ad uscire dal loro stato di servitù nei confronti del potere politico ed economico, sono estensioni della trattoria della setta politica, con un po' di *feuilleton* aggiunto.

Il vero *blitz*, per esempio, arriva con le campagne elettorali, con i volantini, *posters*, striscioni di tela che invadono la città e le danno un'aria da festa paesana, un po' sul truce.

Il *poster* politico, in mancanza di idealità e di idee, è ormai tristemente stilizzato. La vera politica, quella dal basso, è fatta con lo *spray*, ed è velleitario-protestataria con qualche punta folgorante a sinistra; sempre sul mortuario, anche se acuto, a destra.

Lo *spray*, bombolette da mille lire per due buone scritte, col colore che si vuole, sta soppiantando pennello e vernice.

111

La più famosa resta l'enorme « MARCO TI AMO » sulla muraglia del Tevere a fianco a Ponte Sisto. Una delle ultime invasioni, misteriosofico-tetra, è stata quella del triangolo della setta siloista, sempre in nero. I vari comitati di base anche le sedi locali comuniste a volte le usano, come i Lotta Continua. A sinistra, il primato in fatto di mancanza di fantasia va al Manifesto. Il doporeferendum del 12 Maggio ha visto molte scritte-*spray* bianco su Fanfani e i sette nani, abbastanza belline.

Certo, non c'è più il banditore, col tamburo, come c'era una volta a Trastevere la domenica, a contare i fatti, vita morte e miracoli.

La funzione di bollettino quotidiano è nelle mani delle pagine di cronaca dei tre quotidiani romani, *Il Messaggero*, *Paese Sera* e *Il Tempo*, anzi, quattro, se si tira dentro anche il pomeridiano destrorso *Momento Sera*.

Le chiavi di lettura sono due: quella popolaresca, di gran lunga la più estesa, e quella politica, più specializzata.

Quella popolaresca bada alla cronaca nera, rapine, ammazzamenti di mafia e di cuore, rapimenti e simili, da un po' ci sono anche gli arresti per droga. E poi, naturalmente le partite della Roma e della Lazio, che scatenano finimondi alla sudamericana, e che fanno il piatto forte delle conversazioni popolari, che danno un po' di spazio all'ironia greve romanesca, e alle passioni extrafamiliari.

L'altra, la chiave politica, ha due pubblici, quello della alta, media e bassa burocrazia, sterminata, dal ministro allo scopino, molto bizantina. E quella delle estreme politiche, molto più la sinistra, che ha qui in città i suoi due ineffabili quotidiani della sinistra *ultra*,

112

Il manifesto e *Lotta Continua*, tutti e due meritevoli di attenta esegesi.

Sono unici, gli unici quotidiani al mondo, insieme a *Liberation* di Parigi, che scaturiscono dal basso, e vivono e sopravvivono di tensione politica e morale, più italiana che romana, ma che hanno anche tinte e venature cittadine.

Radio e televisione non hanno niente di romano, e tutto. Niente nel senso che non sono minimamente servizi per la città, tutto nel senso, anche questo tinto pesantemente di romano, dell'asservimento al potere politico costituito, e del bizantinismo. Su di loro grava anche l'ipoteca puritana vaticana, non certo morale, ma sicuramente moralistica. E poi l'altro quotidiano romano, quello del Vaticano appunto, l'*Osservatore Romano*, anche questo un *cocktail* unico al mondo di latinorum, bella calligrafia e filisteismo spicciolo da crociata.

Un ultimo commento.

I canali di comunicazione della città sono, in fondo, due: quelli della trattoria e del bar, dove sguazzano gli amici, gli amici degli amici, organizzati in mafie, cosche e camarille. E quello meccanico, dei giornali ufficiali, più quelli meno conosciuti di categoria, settoriali, di quartiere, fino ai bollettini, e a quelli *underground*, come si dice. E poi i *posters*, da quelli politici a quelli pubblicitari, e i volantini...

Il Messaggero

Quotidianone cittadino, con un centinaio di giornalisti, ed una lunga tradizione codina al-

113

le spalle. È chiaramente il contraltare del *Corrierone* milanese. Per vendite — mezzo milione o giù di lì — tradizione, e peso, è molto influente. Come il *Corriere* a Milano, e *La Stampa* a Torino, è un po' « il giornale » della città. Anche se deve spartirsi la torta con *Paese Sera*.

Due o tre anni fa è cominciata la fronda, e s'è spostato a sinistra di brutto. Di bello, perché si è fatto stringato, aggressivo, graffiante.

S'è scoperto dentro una trentina di giornalisti tipo « borghesi incazzati » e non s'è più voltato indietro, anche se la proprietà, e il direttore Italo Pietra, frenano dove e quando possono.

Il bello è che ormai ha scavalcato *Paese Sera* a sinistra, e bene, tirandosi dietro il suo pubblico, e trascinandolo per i capelli, un po' alla *Washington Post*, del quale ci sembra compri articoli, a volte.

Il corrispondente da New York, Luciano Manisco, è il più incazzato di tutti, e splendido giornalista, una gioia leggerlo.

Fabrizio Zampa, che fa il *pop* e musica, anche lui incazzato, probabilmente il migliore in Italia del suo genere.

Poi Costanzo Costantini, sociologia e sesso, brillante moralista, giornalista di punta.

E poi una nuova leva, che si stacca dal grigiore, e promette bene, Piero Vigorelli, Gigi Perego.

Se la redazione rintuzzerà i tentativi di strangolamento della proprietà, diventerà anche meglio.

Paese Sera

Quotidiano nazionalcomunista - populista, con formula inventata dai comunisti anni '50, che ha avuto fortuna solo qui a Roma, col *Paese*, e a Palermo, con suo confratello *L'Ora*. È la voce del progressismo populista un po' sempliciotto, all'italiana, ma invecchiato, sclerotizzato, e incapace di rinnovarsi. Ed anche afflitto da un moralismo e perbenismo di fondo che lo fa ovvio e ripetitivo.

Con un supplemento libri del venerdì saldamente ancorato agli anni Cinquanta. Ma resta la voce della sinistra classica, riformista ma salda, che annaspa e abdica su toni civili, morali e del quotidiano, ma si fa capire, e sentire, come voce popolare, in senso gramsciano un po' deteriore. Le sue fobie nei confronti dell'extraparlamentarismo — c'era sino a non molto tempo fa la consegna di non nominare mai o quasi Lotta Continua e gli altri gruppi — sono ridicole. Ma è anche un giornale *pop*-popolare, che ce la mette tutta, ed ha consolidato il fronte della sinistra storica e dato espressione politica alla sconfinata massa di inurbati della Roma degli ultimi vent'anni, altrimenti facile preda del qualunquismo, o peggio.

Il Tempo

Espressione del ceto piccolo-impiegatizio, e molto romano nel suo qualunquismo di destra. Ma ormai decisamente minore, stanco, e incapace di fare da contrappunto a *Paese Sera*. Anche se continua a vendere molto. C'è anche da dire che il *Tempo*, come altra stampa di destra, il *Borghese* in primissimo piano, trovano scorciatoie demagogiche di marca autoritaria e pararazzista, in parecchi temi di battaglia civile, inserendosi, a livello infimo, nel molle, o nel vuoto, se si preferisce, lasciato dalla abdicazione della sinistra classica ai temi morali. L'esempio classico è quello dei « rossi, drogati, che fanno le ammucchiate e tirano le bottiglie molotov ».

Però, in chiave di quotidiano, il *Tempo* è troppo grigio e mediocre, convenzionale.

Lotta Continua

Feuilleton più che giornale, pompieristico, victorhughiano, validissimo. L'unico a tentare di scrivere in linguaggio parlato, anche se poi si frega da solo, perché è anche menoso. Aveva un cartoonista stupendo, che faceva la vignetta « Gasparazzo », morto in un incidente mentre portava in macchina le copie del giornale, in una lotta contro i destributori nazionali, che sono i veri grandi padrini di tutta la carta stampata in Italia. Indimenticabile.

E poi *Lotta Continua* fa anche *scoop* all'americana, pescando ogni tanto negli sconfinati acquitrini melmosi del sottogoverno-burocrazia-forze armate-corpi separati e chi più ne ha più ne metta.

Il manifesto

Nato come esigenza morale degli intransigenti ex PCI è giornale rigoroso, analizzante, documentato, ma tetrissimo, e fondamentalmente piccolo-borghese. Graficamente impeccabile, ma asettico.

Stilisticamente stringatissimo ma noioso. Tutti noi abbiamo la linea giusta, corretta, rivoluzionario analizzata. E se non ce l'abbiamo, facciamo un dibattito — naturalmente aperto — sul giornale.

Ci scrive, o ci scriveva, di alta sociologia e fantaideologia, il più noto trombone della *intellighentzia* critica italiana, Umberto Eco, che firmava in pseudonimo, probabilmente per non perdere la cattedra universitaria.

L'*Espresso* (settimanale)

Ci aggiungiamo L'*Espresso* perché, anche se settimanale, ed anche se più italiano che romano ormai, fa testo, e molto.

Iniziato negli anni '50 facendo grandi inchieste sulle puttane in Italia, nato come giornale scandalistico per eccellenza, e splendido in quello, poi rimane negli anni '60 il solo settimanale civile, laico, di sinistra, dopo la fine del *Mondo* di Pannunzio. Ora è buonissimo, e convenzionale allo stesso tempo, organo dell'*establishment* di sinistra non allineato.

Con il nuovo formato, e la rivalità con *Panorama*, del milanese Mondadori, è diventato quasi ministeriale. Le pagine culturali sono anchilosate, tristissimo specchio della patetica spocchia intellettuale all'italiana.

Si salva il meraviglioso Saviane, don Chisciotte che da anni combatte contro il mulino a vento della imbecillità televisivo-radiofonica italiana praticamente da solo.

Trasporti, viaggi

*per come muoversi,
che è libertà*

O.K., ci hanno provato una volta, per una settimana, a mettere gli autobus gratis a Roma, e dicono che i passeggeri erano aumentati di poco più del 10%.

Siamo anche arrivati ad un pelo dal chiudere il centro storico (e sarebbe stato stupendo) per risparmiare benzina.

È evidentemente solo questione di tempo, nonostante l'idiozia mafiosa che regna nella bancarottiera amministrazione comunale romana.

Si chiuderà il centro storico alle macchine private, e gli autobus (almeno il doppio di quelli odierni, ci penserà Agnelli e la Fiat, che deve riconvertire o morire) dovrebbero-dovranno essere gratuiti. Potrebbero perfino darci macchinette elettriche da città, e usare pullmini per portare al e dal lavoro i lavoratori dei cantieri come gli impiegati dei ministeri. Idee ovvie e semplici, di immediata applicazione o quasi, specie quella dei pullmini, per risolvere il traffico di Roma, che divora uomini, benzina, energie, tempo e nervi di tutti.

Certo, con un pizzico di audacia basterebbe requisire un duemila camion del nostro esercito, con relativi autisti, ed usarli per l'ovvio e buono scopo di collegare borgate ora isolate e ghettizzate.

Basta guardare le file ai semafori, e vedere tutti quegli uomini soli al volante di 500-100 chili di metallo, per capire che così, come si suol dire, non si può andare avanti, nemmeno fisicamente.

Se no, non resta che aspettare l'intasamento totale (Parigi ne ha già avuti tre o quattro) il giorno in cui, dopo code di una, due o tre ore per fare uno, due o tre chilometri, a qualcuno saltano i nervi, e abbandona la macchina, e presto si ferma tutto.

Per i pendolari, i dannati della terra costretti a venire in città dai paesi della cerchia intorno a Roma, e sono centinaia di migliaia, l'unica speranza è anche qui la gestione diretta delle corriere, ora in mano a compagnie private, e i pullmini urbani delle ditte. E lo snellimento del traffico privato.

Oppure, in maniera più coercitiva e certamente meno risolutiva, ma già applicata in parecchie grandi città (come Londra), perché non tassare ferocemente all'arrivo, al parcheggio del centro cioè, il maschietto automobilista solo, che per suo comodo intasa la mattina, ingombra la strada tutta la giornata, e poi, sempre solo, si rimette a intasare tutto la sera, mentre la moglie scola la pasta?

Ormai non vale più nemmeno il discorso

dell'individualismo italiano (e romano). Se la popolazione intera ha accettato l'iniqua tassa sulla benzina, tremenda e discriminatrice nei confronti di chi ha meno, perché non usare metodi drastici ma selettivi, nei confronti di chi inquina traffico e aria, per non fare magari trecento metri a piedi?

Centri di viaggio

Per gli studenti (e siamo tutti studenti!) i viaggi in aereo, nave e treno sono a buon mercato. E si può andare tranquillamente da Malta a Bangkok. Ad offrirci queste facilitazioni sono:

European Student Travel Centre - Centro viaggi per studenti:
piazzale del Verano 77 - tel. 491263

STC - Viaggi per la gioventù:
via Nazionale 172 - tel. 688162
via Mazzarino 3/5 - tel. 6795280

Vacanze:
via Torino 29 - tel. 479741 - 483457 - 476101

A.T.I.G.:
via Milano 58 - tel. 460378 - 4755562

Viva:
c/o Chiariva, via C. Battisti 120 - tel. 6785996

C.T.G. - Centro Turistico Giovanile:
via Nazionale 51 - tel. 465023

Letti mercenari e no

sui quali dormire,
e fare all'amore

Finiti i tempi in cui si andava a Campo dei Fiori o a Santa Maria in Trastevere, e si finiva sempre per rimediare da dormire, o dal *freak* che ospitava, in zona, o nelle dozzine di comuni effimere di incerta proprietà, in case occupate, o vuote, o un po' di tutti, sul fronte del sacco a pelo.

Finiti anche gli alberghetti-pensioncine dove si poteva approdare, a naso o a caso, per mille lire, poco meno o poco più.

La città, in questa come in molte altre cose, è diventata metropoli, e vuole un minimo di organizzazione preventiva.

Siamo al punto che il buon giovane americano di Pasadena si arma di guide alternative (in inglese) che hanno indirizzi efficienti, e passabili come prezzo, nelle solite zone, Navona, Campo dei Fiori, Trastevere, Piazza di

Spagna e Stazione. Più generalmente, nel centro.

Ma non è, ovviamente, solo questione di trovare un letto d'affitto a poco.

È questione di trovare un posto non ammazzato dalla commercializzazione, dalla sterilizzazione, dalla tristezza dell'istituzione, dove, possibilmente, ci sia gente con la quale parlare insieme, e magari andare a dormire insieme.

Ci sono, ma sono più difficili e costosi di cinque o tre anni fa. E la vera alternativa, qui, è di organizzarsi un minimo, secondo una vecchia tradizione che vale ormai da tempo per tutte le capitali del mondo che contengono la razza di *freak* più affascinante che esista: quella dell'internazionale viaggiante.

Basta guardare il taccuino di indirizzi, e cercare i collegamenti.

È una bella operazione mentale, per chiunque. Chi avete ospitato, o aiutato, a Fiuggi o a Parigi, negli ultimi 18 mesi?

È un'internazionale meravigliosa ma anche impietosa. Chi fa una vita chiusa, che non dà niente a nessuno, dallo sconosciuto simpatico all'amico dell'amico che arriva da voi stanco e infreddolito, non sa nemmeno che esiste, e non merita di appartenervi.

In questa internazionale, dove apparentemente tutto succede per caso ma che in realtà è retta da bellissime leggi magiche, tutti finiscono per avere quel che hanno dato, in modi indecifrabili e splendidi. Come quello di trovare un letto a Roma facendo una telefonata con il nome di una persona, amica di un amico che avete ospitato, o incontrato, sulle infinite strade del mondo.

I borghesi giusto un po' illuminati si scambiano le case, ma solo per convenienza, senza amore o passione, e stando bene attenti al loro spazzolino da denti.

Nell'internazionale viaggiante è un'altra cosa: potrete trovare amori, gioie, scoperte, incontri, sconvolgimenti, assurdità, nuove prospettive, oltre che un letto, un materasso, un tappeto, o alla peggio un nudo pavimento sul quale passare la notte.

Non ci sono regole, basta vivere dando agli altri spazio, tempo, aiuto e solidarietà a seconda di quel che potete fare, e delle vostre inclinazioni. Sapendo che un giorno toccherà a voi.

Basta ricordarsi qualche nome, e qualche numero di telefono, e soprattutto, basta non approfittare, basta saper prendere senza falsi pudori, e saper dare senza secondi fini.

Certo che un letto a Roma si trova. Presso i parenti, per chi non ha di meglio. Presso gli amici che ci abitano, o nei giri che si conoscono.

Per una notte, vi ospitano tutti, basta che non siate proprio stronzo.

Per due o tre giorni, o più, dovrete avere ospiti che hanno amici in comune con voi, con un minimo di spazio disponibile, ed esser capaci di non sopraffare, approfittare, magari aiutando nelle mille e una cose spicciole che fanno la vita dei vostri ospiti.

Chi viene a Roma portando cose che a Roma scarseggiano, da un giornale americano a un disco al racconto di come si sta a Bali adesso (ognuno pensi a cosa, a seconda del suo giro) troverà, con buona fortuna, letto e amici.

Ma telefonare, o scrivere prima, è meglio. Perché si rischia sempre che l'amico si sia

123

rotto con la donna, e partito per New York o la campagna, che la donna si sia suicidata o lavori per la Sip, abbia orari notturni o non voglia vedere, e tantomeno ospitare nessuno.

Abbiamo, crediamo, detto abbastanza.

Se non altro per mettere la pulce nell'orecchio a chi si è sempre cercato un letto d'albergo, un letto mercenario che sarà sempre meno bello di uno trovato con l'amore.

A quelli che già sanno, e già fanno parte dell'internazionale, dobbiamo solo dire che si ricordino che Roma è ancora meravigliosa, per una settimana, e che si organizzino un tantino di più.

A tutti, se capitasse d'aver bisogno d'un minimo di indicazioni, una triste sera alla Stazione, con duemila lire e senza nessuno, quanto segue.

Tenere conto che in luglio-agosto trovar posto in alberghi, locande, pensioni è un casino, per via dei turisti. E tenere anche conto che tutto il 1975, per via dei sei milioni di pellegrini dell'Anno Santo, sarà durissimo.

Questo detto, se avete bisogno di un letto, non girate di posto in posto, usate il telefono, munitevi di gettoni e telefonate a:

Relazioni Universitarie - Via Palestro 11 - tel. 4755265

Nelle ore d'ufficio, sono i più servizievoli.

Oppure:

Ente Provinciale per il Turismo. Alla Stazione o in Via Parigi 11 - tel. 461851

Civis - Via Cartani 32 - tel. 650787

Se siete vicini alla Stazione, in Via Magenta ci sono almeno una decina di pensioni da 1000-2000 lire.

Oppure in Via Montebello, Via Castelfidardo, Via Principe Amedeo, Via Cernaia, Via Volturno e Via Palestro, tutte a prezzi passabili.

Non è né un gran bel giro, né un gran bell'ambiente, ma si sopravvive per una notte.

Per chi ha voglia di dire che è studente:

Albergo del Popolo - Via degli Apuli 41 - tel. 490558
Pulito e caritatevole. Dal primo luglio al 30 settembre anche donne. Poi solo uomini. Enorme. Dietro la stazione.

Casa del Conservatorio - Via del Conservatorio 62 - tel. 659612
Vicino a Ponte Sisto. Pulito e familiare.

NBBS Student Hotel - Via dei Bichi 17 - tel. 6223309
Parlano inglese, bella atmosfera. Il letto in stanza con altri costa poco.

Foresteria del Pellegrino - Piazza della Trinità dei Pellegrini 36

Casa dello studente - Via Cesare de Lollis 24 tel. 490243
Per tre giorni almeno. Solo dal 21 luglio al 20 settembre.

Ostello per la Gioventù del Foro Italico - Viale delle Olimpiadi 61 - tel. 383213.
Detto anche l'ultimo rifugio. Ed è proprio l'ultimo.

Campeggi

Sette Colli, Via Aurelia - tel. 622863

Levante, Via Cassia

Internazionale di Monte Antenne, Via Sa-
laria - tel. 8314517, a mezz'ora da Roma.

Sport

per gratificare il corpo,
senza punirlo

Tanto per dire l'ovvio, lo sport non sono la Roma e la Lazio.

Quello è solo spettacolo, e tifo. È solo una maniera di scaricare le frustrazioni sociali, le repressioni di classe, la alienazione generale della vita quotidiana.

E questo vale per il calcio spettacolo, per il basket spettacolo, per l'atletica spettacolo ecc.

Si possono invece praticare — il pallone, il basket e l'atletica sono i più popolari — da dilettanti, come si dice, per giocare, magari anche con un po' d'agonismo, ma senza la disperazione dell'*egotrip* di arrivare primi, di eccellere, di essere il più bravo.

Se no ci si infogna nelle discipline ferree, negli ignobili e fasulli sogni di gloria che, a parte tutto, sport non sono.

Campi e campetti di pallone ce ne sono abbastanza. Ci sono due parchi, quello di Villa Pamphilj e quello di Villa Ada (quartiere Salario) dove ci giocano moltissimi ragazzi, e vanno anche bene per fare il *footing*.

Il tennis è purtroppo uno sport da riccastri, da club più o meno esclusivi. Due campi pubblici da ricordare: quello di Via Ostriana (Sergio) e quello di via del Policlinico (vicino a Minerva Medica), perché non sono carissimi.

Per l'atletica in generale, il C.U.S., in Piazza del Verano 24

Rugby, basket e sport minori sono aperti a tutti, o quasi. E ci si può praticare uno sport, senza troppe tremende menate. Anche la pallavolo, lo sport nazionale cinese, che è il più semplice di tutti perché basta una rete, o anche una cordicella, poco spazio, e un pallone.

Per l'atletica leggera, ci sono quattro campi.

Quello dell'Acquacetosa, ai piedi dell'Olimpica, raggiungibile solo in macchina o con la ferrovia.

Quello della Farnesina, dopo Ponte Milvio. Quello delle Terme, all'Aventino o quasi. E lo Stadio Olimpico, che è quello più professionistico.

Anche per questi, vale il criterio solito, di non farsi stritolare dall'agonismo e dalla competitività che regnano, culto mefitico e tremendo, attorno a tutti i campi.

Per il nuoto, la situazione è tremenda, da « si salvi chi può ».

Anche qui, agonismo sfrenato e orripilante, soprattutto quando è applicato a bambinetti di sei, otto, dieci anni, con istruttori sergenti e mistiche paranaziste.

In più, per il nuoto, costa un occhio della testa nei vari club privati, e mancano, ripetiamo, mancano le piscine.

Se ce ne fosse solo una per borgata, e quartiere, a prezzi popolari, cambierebbe tutto. Siamo all'assurdo.

Per chi pensa che mettersi un ping-pong in garage sia una soluzione, lo faccia, se ha un garage o una cantina, o uno spazio qualsiasi.

Chi vuole andare a cavallo, sappia che finirà su ronzini martoriati dalla fatica, tranne qualche specialissimo club.

Le palestre sono un altro buon posto per fare dello sport d'inverno, se non finite in una per picchiatori prezzolati.

Karaté ed altre arti marziali, più che sport sono discipline, e le motivazioni che ci stanno dietro sono così brutte e miserabili — culto della potenza fisica e della violenza — che non ci sentiamo di consigliarne nessuna, e a nessuno.

Le saune, che non sono uno sport, ma una maniera di curare e di far del bene al proprio corpo, sono proprio belle, anche se è quasi impossibile trovarne una con una buona atmosfera. Allo Hilton e allo Holiday Inn, se vi imbucate con l'amico americano che sta lì (capita) non perdete l'occasione.

Bambini

*per i quali la città
è un ghetto, mentale e fisico*

Il mammismo, e babbismo italiano, e romano, fa quotidianamente i suoi scempi, al-
l'ombra di una retorica della famiglia che
nella Roma cattolico-papalina è più asfissian-
te che nel resto del paese.

La famiglia contadino-tribale, con nonni,
nonne, zii e cugini, si difende come può nei
ghetti periferici, castrata dalla speculazione
edilizia, dalla mancanza di verde, dall'assenza di asili e servizi.

Sempre ai limiti della sopravvivenza fisica
e alimentare, smembrata dal lavoro più viaggio, miseramente, disperatamente, testarda-
mente ricostruisce giorno per giorno una par-
venza di amalgama: la domenica si vanno a
visitare i parenti, magari per mangiare tutti
insieme.

Certo, è una famiglia gerarchica, tutta pa-

130

triarcale e tutta maschile, ma almeno temperata dal senso del rito e dal buonsenso dei ceti popolari.

Quelli medi, dei quartieri residenziali, dei condominî di lusso e semilusso, fino alle case e villette degli abbienti, vittime della loro stessa idiozia, hanno famiglie chiuse, e figli chiusi in spazi chiusi e morti, figli morti ai quali instillano consumismo e carrierismo, le due droghe pesanti dei borghesi.

Quel che non fanno gli asili, lo fanno poi le scuole elementari, che bollano di inferiorità i bambini dei ceti popolari (che parlano una lingua viva, detta dialetto), e privilegiano i buoni figlioli borghesi (che parlano l'asfittica lingua della televisione, detta italiano).

I bambini sono una classe a parte, la più calpestata, oppressa e sofferente.

Sono l'oggetto e l'alibi della famiglia borghese, il patetico pegno di speranza futura per le classi popolari, vezzeggiati a parole e calpestati nei fatti, sempre.

Nella città, a parte i quattro parchi, non c'è niente per loro.

Ci sono più benzinai che scivoli, in città. Più garages che asili, più parcheggi che zone gioco, più brutalità nei confronti dei bambini che borseggi.

L'unico vantaggio che un bambino ha, nascendo a Roma, è quello che troverà un clima mite, il sole per moltissimi mesi dell'anno, e qualche spazio dimenticato dalla speculazione edilizia, per giocarci al pallone, quando ha imparato a sgambettare (se è maschio; se è femmina, impari a lavare i piatti, nei ceti più poveri, o farsi bellina, tra i più abbienti).

Fino a sei anni, nel chiuso delle case, o nei cortili, o negli spiazzi, a imparare a non rom-

131

pere, e non sporcarsi, a voler bene a mamma e papà, che gli vogliono tanto bene. A mangiare immonde porcherie dette caramelle o cioccolatini, magari per farli stare buoni. Con una serie di aggeggi prefabbricati, detti giocattoli, per far diventare i maschi più maschi, e le bambine più sceme.

E il tutto per inculcare il senso del possesso, l'egoismo e egotismo, l'emulazione invidiosa, quando non peggio. Come negli ambienti superstiziosi, detti cattolici, dove si inculca il senso del peccato, o si stravolge l'immaginazione con la paccottiglia pietista e sadica che va sotto il nome di religiosità.

Lo stesso, e peggio, vale per gli asili, religiosi e laici, dove tutto si fonda sull'emulazione e l'invidia, pilastri della futura società adulta.

Poi, a sei anni, arriva il grande livellamento della scuola, a insegnare alfabeto e ubbidienza, matematica e crudeltà dell'istituzione, con i voti e le pagelle. Si usa perfino la parola profitto.

Per chi pensa, a questo punto, che esageriamo, o siamo catastrofici, o poco oggettivi, vogliamo dire che veramente basta guardarsi intorno.

Il volto della città è di per sé una accusa spietata nei confronti di chi ha figli.

Più che in ogni altro aspetto della città si rivela qui il volto odioso della incuria pubblica, e quello della comunità urbana ad essere comunità, e non giungla d'asfalto.

Non bastano carrozzine grandi come utilitarie, milioni di tricicli, biciclette dai manubri cromati, a fare una sola piscina gratuita, che non esiste, in una città dove ci sono più televisori che alberi.

O c'è davvero qualcuno, tra i lettori, che crede d'aver risolto il problema mandando i « suoi figli » all'asilo speciale, a 40 mila lire al mese?

Per concludere, non diamo, anche perché non ne abbiamo, soluzioni alternative. La più drastica sarebbe quella di andarsene dalla città. Ma sarebbe come abbandonare il luogo del delitto, nient'altro.

Animali

che vanno scomparendo,
e vanno salvati

Sono, come tutti sanno, stati soppiantati da sua maestà la macchina di Agnelli e famiglia.

Ancora dieci anni fa c'erano pecore e pastori, nella periferia ora fatta di borgate della speculazione edilizia; ora, al massimo, cani randagi affamati. I cavalli rimasti son quelli delle carrozzelle per turisti, e quelle dei galoppatoi per riccastri.

Ma i gatti, i gatti ci sono ancora tutti, resistenti partigiani d'una lunga guerriglia con gli uomini e con le macchine.

Sono soprattutto dove sono i ruderi della Roma romana.

All'Argentina, nutriti da una schiera di vecchine e ragazzi, quotidianamente, vivono una vita di branco, in quel fazzoletto di terra piena di cunicoli e anfratti che è nel bel mezzo della Piazza, a pochi metri dal carosello d'un traffico feroce e incessante.

E poi sono alla Piramide, dove pare ci sia un lascito per loro, e persone che vengono a sfamarli quotidianamente con i soldi del lascito.

E poi sono al Foro Romano, anche qui a branchi.

E al Teatro Marcello, a Castel Sant'Angelo, insomma, in tutti i ruderi, quelli famosi che abbiamo citato ma anche dozzine di altri meno conosciuti.

Si sa di episodi di vandalismo — ne hanno bruciati e incendiati — nei loro confronti da parte di ragazzini e ragazzi. Ma anche innumerevoli episodi di amore, ricambiato. I gatti, a Roma, sono o amati o odiati. E molto si può capire dall'amore, o dall'odio che uno gli porta.

Stiamo parlando dei gatti liberi, randagi, che vivono la loro vita dove e come vogliono. Poi, qui a Roma come ovunque, ciascuno di noi conosce qualcuno che ne ha tredici o diciassette in casa.

Oltre a quelli dei ruderi ci sono quelli che vivono vicino a mercatini rionali, e sono ancora più indipendenti.

È ovvio che se Roma riesce a contenere i ratti e i topi lo deve a questi gatti. È l'ultima ma la più importante bilancia ecologica di una città ormai stravolta.

I topi, loro, sono potenti e numerosi lungo il Tevere e vicino ai mercatini.

I cani della città sono ormai solo un fatto privato, amore o convenienza del cittadino, o del cacciatore domenicale.

Ci sono, sempre più numerosi, quelli da guardia, e ora li stanno addestrando le scuole criminali, ad azzannare senza abbaiare, una cosa che dovrebbe essere proibita al più presto. E invece magari ci vorrà un ragazzino dilaniato, per avere saltato un muro di cinta prima che se ne accorgano i quotidiani, e ne nasca uno scandalo.

Ancora sui cani usati dall'uomo per tremendi di fini suoi ci sono quelli, ormai famosi, di Fiumicino aeroporto, che annusano la marijuana in arrivo o in transito. Non si segnalano cani che annusano whisky, vino adulterato ecc.

Il cibo che si dà a gatti e cani in cattività quello delle scatolette, è quello che è: non vogliamo farci querelare, chi ama il suo cane o gatto sa già che una dieta di scatolette è tremenda. E poi costano ormai quanto la carne macinata, più delle parti meno costose delle carcasse animali.

Galline e oche ormai pochissime: quella dei lupi in Campidoglio è solo una battuta facile.

Lucertole, sempre meno, ma resistono nelle zone più verdi; per loro non c'è problema sono qui da milioni di anni, e ci resteranno

Gli uccelli invece sono stati decimati.

Pochissime le rondini, pochi i passeri che prima facevano, a Roma, parte dei platani I colombi tengono, a Piazza Navona, e sulle cupole un po' in tutta la città. Pipistrelli invece, sempre meno.

Le cupole sono la salvezza di molti uccelli ormai rari. Si parla di barbagianni, e perfino di gufi. Alcuni dicono di avere visto falchi in città.

Nonostante lo scempio degli ultimi venti-trent'anni, Roma è ancora vicina alla campagna, basta arrivare all'anello della circonvallazione che già si lasciano alle spalle i trenta anni infami, e si scorda tutto.

Dopotutto, siamo solo animali che vivono nella città di pietra, da cinquanta generazioni, prigionieri e complici. Animali che han perso molto in istinto, e guadagnato poco in saggezza, animali cittadini.

Golosità

due o tre cose diverse,
ancora pulite

Brevissimamente, e senza entrare nel merito d'un argomento fatto più per borghesi annoiati, che compensano con la gratificazione orale — e relativi snobismi del tipo Gattinara '67 e « ho trovato dei dolcini fatti da una donnina, in un paesino... » — la noia e paranoia della loro vita privata, vi diamo tre indicazioni, giusto tre, perché la città, nella sua esuberanza, offre anche queste cose, che son belle, e buone, proprio perché diverse. Golosità insomma.

Bar Ronzi e Singer
Via del Corso 349

Gelatine di cotogne, violette candite, caramelle e cioccolatini, *marrons glacés* e torroni

138

al pistacchio, alla *chartreuse*, alla vaniglia, tutto fatto vecchio stile.

Moriondo e Gariglio
Via del Corso 416

Ogni tipo di caramelle, confetti e cioccolatini. Torroni, cioccolate, violette candite e deliziosi *marrons glacés*, ma a prezzi alti, purtroppo.

Al Ristoro della salute
Piazza del Colosseo

Unico e affascinante, con un banco nella sala d'entrata, ed una stupenda sala interna, con tavolini, tutto da godere.

Paste e dolci alla frutta, frutta fresca e secca, di ogni tipo e di tutti i continenti. Cose che non avete mai assaggiato altrove.

Superbe spremute e macedonie di frutta, frullati di tutti i generi, gelati e granite di frutta e succhi di frutta e di verdure.

Un vero capolavoro, e non costa troppo, per niente.

Politica

per futuri radiosi, ma
il mio è meglio del tuo

Qui non ci riferiamo alla politica come gestione del potere, né quella che si fa nei ministeri e nelle direzioni dei partiti, tutte istituzioni che sono qui, nella Roma capitale; né della gestione del potere cittadino, che l'istituto comunale ha degradato e praticamente appaltato ad interessi privati.

La gestione di questo potere, mastodontica, levantina, burocratica, essenzialmente mafiosa, quando è così poco controllata e condizionata dal basso, qui non ci interessa.

Certo, è parte integrante della città; certo, è indispensabile alla comprensione della città: ma la nostra tesi è che si tratti di un potere morto, anche se schiacciante, e noi qui vogliamo parlare delle persone, cose, e forze vive della città.

Di tutto il resto parlano già i *mass media*,

più per offuscare la realtà che per farla capire, certo, ma ne parlano.

A noi cosa resta?

Abbiamo escluso il potere locale e nazionale, le cosiddette istituzioni.

La destra, squallida depositaria di valori morti e riti mortuari, a dar vita alla città, in brutto, non ha che picchiatori esaltati o prezzolati e qualche scritta sui muri, e poi, la sua fetta di potere grigio. Non merita menzione.

Resta la sinistra estrema, quella che fa della tensione ideologica e morale, più che politica, la sua ragione di vita e di esistenza.

E quella sì, è viva, anche se in un modo tutto suo, impastato di rigore che spesso è solo settarismo, di ideologia che spesso è solo schema, e di moralità che spesso sono solo velleitarie.

Ma sotto la vernice ideologica ha idealità, anche negli errori: c'è vita vissuta, cui una giovane minoranza crede, e una maggioranza meno impegnata non può non rispettare.

Lotta Continua
Via dei Piceni: sede
Via Dandolo 8: quotidiano

Viene da lontano. Da una matrice cattolico-contestataria che fu della leggendaria facoltà di sociologia di Trento, come dalle battaglie sessantottesche, e dopo.

Da molto è nazionale, con sede, e giornale quotidiano qui a Roma.

Un teorico carismatico, Adriano Sofri, e un *leader* molto seguito, Guido Viale. Un amministratore del giornale astutissimo, Lionello Manobrio, che fa sopravvivere il quotidiano, che costa almeno un milione al giorno, tira un cinquantamila copie, e ne vende un venti-trenta. Un miracolo di equilibrismo. Il suo braccio cultural-ricreativo, i Circoli Ottobre, non tira. I giovani ci vanno soprattutto a far politica, a Lotta Continua, in nome d'una rabbia che ha tutte le ragioni di esistere.

Ma è un partito, nella sua struttura gerar-chizzata, nel nome della causa, s'intende, ma.

Manifesto-Pdup
Salita del Grillo: sede
Via Tomacelli: quotidiano

È il partito dell'*intellighentzia* di sinistra-sinistra, nato da una scissione a sinistra dal grande padre, il Partito Comunista Italiano, che si è dato il nome di Manifesto, ed ora ha formato un nuovo raggruppamento-partito con quelli rimasti del vecchio Psiup.

Al rigore ideologico-politico accoppia una cecità totale e professorale per la vita vissu-ta, dall'alto della sua cattedra di liceo per il comunismo. Irresistibile per borghesia super-intellettuale, si fonda tutto sul giornale quo-tidiano, sua croce e bandiera. Anche lui ge-rarchizzato e burocratizzato, ma artigianal-mente.

È insieme la cattiva, e la buona coscienza dell'enorme PCI.

Ha *leader* con lunga carriera alle spalle, da Rossana Rossanda a Lucio Magri, e dozzine di intellettuali compagni di strada, pronti a fare il punto sui rapporti tra strutturalismo e marxismo, usando molto innocuo piombo.

Terzo, e più nuovo e fiammante, spesso menzionato, con gli altri due Lotta Continua e Manifesto, come facente parte della « triplice alleanza ». Che, a detta di sinistri più organici, e meno allineati di loro, è ormai solo una triplice di rincalzo ai comunisti ufficiali.

Lanciati qui a Roma dalla e nella occupazione delle case, che insieme alla disobbedienza civile (non pagare l'affitto, pagare metà della bolletta della luce ecc.) sono le due ultime forme di politica dal basso, intenderebbero anche loro fare un quotidiano (fatto mentre scriviamo!).

Partito Radicale
Via di Torre Argentina 18

Con alle spalle le battaglie per il divorzio, nel suo passato remoto ma non tanto, e un presente fatto di lotte per i diritti civili — dalla legalizzazione dell'aborto alla cancellazione dei codici fascisti — e di difesa delle minoranze oppresse, dagli omosessuali agli obiettori di coscienza.

Molto vocale e battagliero, e anche un po' cazzaro.

Governato un po' dalla vecchia scuola di progressisti illuminati anni '50, con un *leader* carismatico affascinante tuttofare, dall'ego grande quanto la sua coscienza (bella): Marco Pannella.

Lui ora, e il partito, tirano ad andare alle elezioni.

E si tiran dietro, a Roma come nelle provincie, parecchi giovani insofferenti delle sinistre ideologiche gerarchiche di sempre.

La sede di Torre Argentina, a Roma, ha una storia eroica e gloriosa, avendo ospitato e ciclostilizzato tutti i gruppetti, gruppini, movimentini che ne hanno avuto voglia o bisogno, in un abbraccio onesto e disinteressato, anche se non precisamente d'amore.

Altri *leader*, Mellini, avvocato del divorzio, Franco De Cataldo, avvocato d'assalto, Angiolo Bandinelli, Roberto Cicciomessere. Un po' ingolfati nelle carte, ma poca gerarchia.

Politica alternativa

dove e come la gente
si risveglia

La degradazione della politica personale, sia a livello politico (totale assenza di idealità e moralità) sia a livello pratico (pura gestione del potere, mafioso o populista che sia) ha aperto spazi di gestione dal basso.

La città è un formicolare di iniziative a livello di quartiere, specie nelle periferie e nelle borgate.

Sono tentativi, affascinanti anche se ancora embrionali, di democrazia diretta, che si esprime in lotte sulle necessità basilari della vita quotidiana.

Le lotte per la casa, le occupazioni di case in particolare, hanno avuto grande sviluppo, con alterne fortune, ma si sono sempre scontrate con il volto più orrendo del potere: la repressione poliziesca e la risposta bizantino-burocratica dei suoi bracci legali, l'amministrazione comunale, l'Istituto Autonomo Case Popolari ecc.

Lo stesso vale per le « lotte » per i servizi sociali, ambulatori medici, poliambulatori, asili nido, asili, scuole gestite democraticamente, asili, parchi e verde pubblico.

Sui parchi, c'è stata qualche isolata vittoria, perché le spinte dal basso sono state sostenute dalla stampa, e dalla nuova, ambigua ma utile « coscienza ecologica » della *middle class* romana illuminata, che ormai si è resa conto dello scempio ecologico e urbanistico compiuto a Roma negli ultimi 10-20 anni.

Il risultato più grosso di queste lotte dal basso, non solo a Roma ma nei grossi centri del Nord, Milano e Torino, è stato il blocco dei fitti, che prelude ad una ormai probabile affermazione dell'equo canone per i fitti stessi.

L'arco della sinistra, classica ed extraparlamentare, ha a più riprese tentato di frenare, castrare e gestire queste lotte dal basso, esempi di democrazia diretta, popolare, ma solo con parziale successo.

L'esempio più macroscopico, quello della disobbedienza civile (autoriduzione della bolletta della luce, dell'acqua, del gas, dell'affitto, dei prezzi del trasporto extraurbano) ha trovato i politici convenzionali della sinistra confusi, allarmati, sostanzialmente contrari. Ma toccherà loro, almeno in parte, cavalcare la tigre, se non altro per paura che se ne impossessi la destra qualunquista e demagogica.

Le borgate romane, si sa, a parte quelle rosse e rosa, presentano un tessuto sociale così degradato che la loro carica eversiva è eternamente oscillante, in bilico tra rivoluzione e reazione.

La storia di Reggio Calabria insegna.

Ma le spinte dal basso, nate dai ceti popolari e sostenute dagli studenti politicizzati (meno ideologizzati sono meglio è) hanno trovato anche qualche supporto nelle classi medie e professionali, in bilico tra la istituzione e la controistituzione.

Vedi il Sunia, unione inquilini legata ai partiti della sinistra classica, e la Unione Inquilini, più extraparlamentare.

Vedi lo AIED, centro di diffusione e propaganda dei metodi anticoncezionali, che assolve una funzione tra l'illuminista e il libertario.

Perfino le nuove associazioni professionali democratiche, nate per semplice esigenza di pulizia, assolvono una funzione fiancheggiatrice.

Dai giornalisti democratici a Magistratura democratica, passando per i gruppi di medici ed architetti democratici, ancora incapaci di esprimere praticamente una visione coerente, e alternativa della loro funzione, ma non lontanissimi da questa.

E poi Italia Nostra, istituzione a suo modo tipicamente *middle class* ma capace di esprimere controprogetti, e di arginare, affiancata dalla stampa, le nefandezze più macroscopiche dell'incuria statale e comunale. Sino alla Kronos 1991, giovanile-ecologica.

Nel molto incerto presente, e nell'ancora più incerto e imprevedibile futuro della città c'è anche la possibile gestione diretta della distribuzione dei prodotti (in primo piano quelli alimentari), il cavallo di Troia d'una futura gestione democratica della città.

Se ne parlerà, forse, in una prossima edizione di questo libro.

Femminismo

come le donne si liberano,
in mille e uno modi

La oppressione della donna, oppressione economica, familiare, morale, è un fatto che ormai nessuno più nega. Ed è già un bel salto, visto che il movimento femminista ha più o meno cinque anni, non più, e che solo dieci anni fa l'oppressione era così generalizzata che pareva il colore del cielo, e come questo accettata e non contestata.

Il Movimento femminista nasce nel mondo anglosassone, America e Inghilterra, sulla falsariga della rivoluzione culturale, o controcultura, degli anni post sessantotteschi — va ricordato che c'è stato un Maggio '68 in Francia, un '68 in Italia, e a Roma, ma anche uno in America, con i grandi scontri di Chicago — ed è ora rimasto il movimento di gran lunga più importante, sulla scia di quell'epoca.

Roma, con Milano, è stato centro propulsore del Movimento di liberazione della donna, ormai entrato come dato nella coscienza dei giovani, e della borghesia illuminata, anche se è ancora lontano dal raggiungere le fasce popolari, che mantengono una struttura familiare più solida, ancora meno nevrotica, e con una oppressione sia economica (padre al lavoro, madre a casa con i figli) che morale interiorizzata, più difficile a scardinare anche perché non esiste nessuna alternativa, sino a quando non si mettono in piedi quei servizi sociali (scuole asili, socializzazione di funzioni tutte privatizzate dal capitalismo).

A Roma, inevitabilmente, è nato il femminismo medio e altoborghese, delle giovani e delle professioniste, ed è un femminismo d'assalto dirompente per le giovani, un po' più sfumato ma sempre altoborghese per la fascia dai 25 ai 35.

Il tentativo di calare la cosa nelle borgate, e alle fasce popolari, ricalca ideologicamente i tentativi della *intellighentzia* di sinistra italiana degli ultimi trenta anni, di « andare al popolo ».

Nella migliore delle ipotesi è pieno di buona volontà.

Il tentativo extraparlamentare di inserirsi ci pare ibrido. Anche qui, i tentativi migliori sono dal basso, e le cose più importanti, nel presente come nel futuro, passano per la presenza e la gestione femminile delle grandi cose, come casa, asili, scuola, a livello locale.

Meno ideologia parolaia, probabilmente (come per i gruppi extraparlamentari) e più pratica diretta.

Certo, ci sono anche le lotte minime, come quella per la fine del diritto di famiglia fascista, quella della liberalizzazione dell'aborto. Ma c'è altro, e molto di più, nella liberazione della condizione femminile, c'è la speranza di una rivoluzione nuova, necessaria e totale.

Il feroce tentativo di recuperare tutto e incanalare la grande spinta (partiti di sinistra), o ridurla a schemi ideologici superati (i gruppi extraparlamentari), o imbavagliarla intellettualmente (Dacia Maraini e *intellighentzia* varia) non provano che la enorme vitalità e potenzialità del Movimento stesso, che ha un vantaggio, su tutti gli altri: quello di essere un movimento di una maggioranza, non di una minoranza, oppressa.

E quello di volere « tutto », come si diceva della contestazione globale, e « subito », più che comprensibilmente.

Grosso modo, il Movimento italiano, e romano, è passato dalla fase della presa di coscienza (gruppi di discussione, analisi, chiarimento) a quello della lotta pratica, e propagandistica, a tutti i livelli. Visibili, e invisibili.

Anche i famigerati settimanali femminili, e i *media* tutti in genere (lasciando da parte la troglodita televisione e radio) si sono un po' adattati, per accomodare la spinta femminista, con risultati ambigui, ma che sono meglio del terrorismo di ieri.

Perfino *Grand Hotel...*

Gruppi femministi

Movimento di liberazione della donna
via di Torre Argentina 18/C
tel. 651732 - 653371

È il primo movimento femminista sorto a Roma. Appoggiato, inizialmente, dal Partito

Radicale ha accettato di essere sostenuto, e talvolta diretto, da uomini radicali.

Movimento femminista romano
via Pompeo Magno 94 - tel. 386503

Fondato da un gruppo di dissidenti del Movimento di liberazione della donna, raggruppa attorno a sé le femministe autonome. Si riunisce ogni mercoledì sera.

Collettivo femminista comunista
via Pomponazzi 33

Il discorso femminista visto attraverso una dialettica marxista. Pochi uomini, con nessun potere decisionale. Si riunisce ogni martedì alle 21.

Rivolta femminile
via del Babuino 164 - tel. 6792359 - 5811294

Il più rigoroso, il più intransigente ed il più arrabbiato gruppo di femministe presenti in tutta la città. Non accetta uomini e si rivolge esclusivamente alle donne.

FILF - Fronte italiano di liberazione femminile
Piazza SS. Apostoli 49

La donna come Quarto Mondo, sfruttato, represso ed angariato dal capitalismo maschile. Accetta il dialogo con gli uomini, ma non permette loro nessun potere decisionale.

Omosessuali e gay power

*per la liberazione degli
omosessuali, oppressi da sempre*

Nel paese di maschi, mamme e puttane che
è l'Italia, benedetta da centomila campane,
non c'è stato posto, sino a ieri, per la categoria oscura, peccaminosa, irredimibile, vergo-
gnosa e oppressa che sono gli omosessuali. A
parte ovviamente, le checche del folclore nazionale, dileggiate dal razzismo maschilista
sempre presente, anche se latente.

Checca è vocabolo romano, ed è razzista,
dispregiativo, anche se tinto di mellifluo folclore che si stempera in lassismo, paternali-
smo spaghettaro e connivente. Buttateci dentro un po' di peperoncino pasoliniano, ed
avete il quadro, molliccio e infido, nel quale
gli omosessuali romani si dibattono, come in
una rete a maglie magari un po' larghe, ma
onnipresenti.

Ma da tre quattro anni qualcosa sta cam-
biando.

Sull'onda della controcultura, e della nascita di un Fronte di liberazione degli omosessuali (prima in America, poi in Inghilterra ed Europa, ed anche in Italia), gli omosessuali (ora detti anche *gay*, che è vocabolo inglese, e non spregiativo) hanno cominciato a prendere coscienza della loro realtà di oppressi ed angariati.

A Roma, Milano, Torino, e poi anche un po' nelle provincie sono nati i primi gruppi del Movimento di liberazione degli omosessuali (uomini e donne).

A Roma la repressione nei loro confronti aveva — ed ha ancora, sostanzialmente — il volto della tolleranza paternalistica, e della ghettizzazione folcloristica.

In città c'è da sempre una forte presenza omosessuale, che ha le sue punte nel cinema, nel teatro, nel professionismo di stile, dall'antiquariato alla moda, al *design*, alla letteratura.

Ma al di là della vernice mitico-cinematografara, l'omosessualità romana vive all'ombra d'una spuria tolleranza che degrada ed umilia, forse ancor più che nel resto del paese.

Il Movimento di liberazione degli omosessuali, che qui come a Milano e a Torino si è dato il nome di FUORI, che è anche il giornale ideologico d'assalto del movimento, ha vita difficile, travagliata.

Da una parte rifiutati, calpestati sia dai politici convenzionali che dagli extraparlamentari, dall'altra invischiati nel luccicore bavoso delle notti romane, tentano di mordere, e riescono solo a non farsi sommergere.

FUORI, ovviamente, vuol dire uscire fuori dal ghetto, dichiararsi apertamente omosessuali, e sfidare la repressione, palese e latente, quella istituzionale e quella morale (a-morale).

Qualche uscita, coraggiosa, il FUORI l'ha fatta, a Roma, ma forse è ancora più un lavoro di presa di coscienza, e comunque a livello intellettuale e quindi medio-alto-borghese.

Sotto, ci sono ancora i gironi infernali delle marchette, dei pestaggi di periferia, degli scippi, delle mille e una angherie quotidiane.

Accanto agli omosessuali, solo per ragioni di comodità, affianchiamo una menzione sui travestiti, che hanno vita e problemi ancora più particolari, ancora più bersaglio, e più scoperti degli omosessuali, nella loro condizione di piccolissima minoranza molto appariscente, ma proprio per questo, più stretti tra loro in una solidarietà di sopravvivenza, e di destino, che è anche una forza.

Ci viene difficile dare, come per altri temi, una lista di posti omosessuali o *gay* che dir si voglia, perché sarebbe proprio un ricacciarli nel ghetto, noi che cerchiamo di amarli e rispettarli come una minoranza oppressa, e soprattutto, come persone.

È un vecchio problema, che ogni ragazzo o ragazza che si sia scoperto omosessuale ha sempre avuto, da quando ha preso coscienza della sua condizione: il conflitto tra il voler mimetizzarsi nella società eterosessuale, se non altro per lavorare, sopravvivere, vivere, e quello invece di imporsi ed esporsi come tali, di chiedere, cercare, pretendere il rispetto e il riconoscimento, venire insomma FUORI, come i più attivi fanno.

Qui preferiamo dare solo qualche indicazione dei punti di possibile incontro della comunità *gay*, ma non parlare di posti e locali di ritrovo, e perché cambiano ogni luna, e perché abbiamo troppo rispetto per i fratelli *gay* per perpetuare una ghettizzazione che i migliori fra loro stanno combattendo, con coraggio politico e umano degno di ammirazione, nel cuore di una società che li opprime da sempre.

Piazza Navona è il vero centro *gay* (liberato e no) cui fanno capo gli omosessuali d'ogni ceto, estrazione sociale, inclinazione.

Nei giorni feriali, l'influenza *gay* si fa sentire moltissimo; la domenica, è dominante. Piazza e bar presso l'edicola diventano salotto, parata, teatro, ma solo nella stagione buona, e se il tempo è bello.

Campo dei Fiori è zona *gay* per eccellenza, specie tutte le vie adiacenti, da ormai molti anni, dagli anni quando gli affitti della zona erano ancora decenti, e l'ambiente, popolare e *freak*, era tollerante e capace di assorbire tutto. Una piccola manifestazione *gay* a Campo però fu disturbata dalla locale sezione comunista, e alcuni *gay* politicizzati non l'hanno ancora dimenticato.

Tra i posti più squallidi, dove il vero volto della prostituzione omosessuale si rivela, disperato, sempre di notte, sono Ponte Sisto, la Stazione dei Treni per Ostia, il Circo Massimo, e naturalmente il più famoso di tutti, il Colosseo.

E poi ancora il Pincio, l'Eur sopra la stazione della metropolitana della Magliana. Sono gli aspetti più squallidi d'un mondo mercenario, sotto la grande ala del peccaminoso, che può piacere a chi prova brividi ambigui per questo tipo di degradazione-esaltazione del piacere-peccato.

In margine, infine, sui Lungoteveri che vanno da Ponte Principe Amedeo fino a Ponte Mazzini, è zona di travestiti. Che, a differenza delle prostitute, non hanno protettori, si difendono da soli.

Sette teosofiche e religiose

*per chi ha il trip
mistico, buono o cattivo*

Missione della luce divina
Largo Maria Domenica Fumasoni Biondi 5

Maharaji-Ji dice di avere cinque o più milioni di seguaci. Dice di avere 17 anni. Dice di essere, né più né meno, Dio in terra.

Dice di dare una illuminazione folgorante, oltre la quale, il seguace, suddito-membro-schiavo vive una vita di perfetta felicità, continuando a fare quel che fa, ma dando soldi al perfetto maestro, e alla sua vasta ed internazionale organizzazione teosofico-quasi-militare parapsichedelica e parafascista.

La sua ascesa è stata, questa sì, folgorante. Da guru, e figlio di guru, ma uno dei tanti nell'India mistica e affamata alla conquista di soldi e seguaci in America, negli anni '70 post Charles Manson, raccogliendo le frange più degradate del movimento psichedelico in di-

157

sfacimento, e trovando anche seguaci nella fa scia della borghesia americana giovane, an siosa e disperata.

Su di lui, come sulla setta, che ha il suo punto di forza in America ma è anche presente ed attiva in tutti i centri europei, Londra, Pa rigi, Amsterdam, Roma, si sono spesi fiumi di inchiostro.

Ha ambizioni cosmiche, chiaramente di destra, e pericolose.

Si vocifera di un appoggio CIA. Che ci sia o no, certo è che ha strumentalizzato e stornato a destra molte energie che la spinta della controcultura giovanile in Occidente aveva creato.

Una volta è stato arrestato, al suo rientro in India dall'America, con centinaia di migliaia di dollari in gioielli, datigli dai suoi seguaci, e che stava contrabbandando.

Dopo aver predicato ed imposto il celibato, l'astinenza sessuale, ed il puritanesimo bigotto ai suoi seguaci, si è sposato, grottescamente, con una ventenne segretaria americana bionda, di venti centimetri più alta di lui, che è piccolo, grasso, con una faccia da luna untuosa e melliflua, che ha invaso, negli ultimi tre anni, i muri delle capitali di mezzo mondo, Roma compresa.

A Roma ci è arrivato con soldi, e tracotanza, e si è installato nel cuore di Trastevere, a due passi da Santa Maria, in uno degli angoli, e delle case più belle di Roma. Dopo un periodo di proselitismo attivo, e di strada, perfino con processioni sul Gianicolo, canti, e cartelli con la effige del maestro divino, e dopo il rigetto da parte di Trastevere, e della fascia controculturale *freak* romana, cerca ora adepti tra la più facile e più ricca alta borghesia.

Forse, sperabilmente, già in declino qui a Roma, e non più in ascesa né in America né nel resto dell'Europa. È e resta l'esempio più pericoloso e tremendo di quale strumentalizzazione possa essere fatta, in Occidente, delle spinte esistenziali che hanno sconvolto le nuove generazioni negli ultimi cinque-dieci anni.

Bambini di Dio
casella postale N. 5070, Roma Ostiense
tel. 5741373

Altra setta internazionale, anzi mondiale, che opera in grande scala, in America come nelle capitali d'Europa. Ed anche questa pericolosa, puritano-fascista, odiosa nel suo smaccato recupero delle istanze, e persino dello spirito e del gergo della controcultura psichedelica. Moshe David è il grande capo, che scrive a getto continuo piccoli *pamphlets* deliranti su un oleoso e ambiguo amore per Dio, di stampo masochista e oscurantista.

Anche di loro, si dice che sono manovrati dalla CIA, e se non è vero è molto plausibile. Si aggirano per le strade di Roma offrendo i *pamphlets* in *offset*, ben stampati e rivoltanti, cantando canzoncine dedicate al loro Gesù, un Gesù al cui confronto quello della iconografia cattolica fa la figura del rivoluzionario.

Hanno anche una grande fattoria in campagna, in Toscana, vicino a Firenze, presumibilmente per scimmiottare le comuni della controcultura, e fare seminari per i loro adepti. Anche loro, come quelli del Maharaji-Ji, inquadrati in stretta gerarchia e, se possibile, ancora più ambigui.

Hare Krishna
Iskcon, Via Mistretta 2 (Piazza Lodi)
tel. 7583873

Anche loro impiantati in America e in tutto l'Occidente. Anche per loro, come per i due gruppi precedenti, Roma è stata l'ultima tappa di conquista, la più difficile, ma per ovvi motivi la più prestigiosa. Ma le somiglianze con le altre due sinistre sette finiscono qui.

Loro sono allegri, colorati, sinceri nel loro misticismo innocente e un po' fanciullesco. Con i capelli rapati a zero, e un ciuffetto che fa da codino, e con toghe spesso color zafferano, pregano giorno e notte Sua Divina Grazia A.C. Bhaktivedanta Swani Prabhupada, e si divertono così, in un medioevo tutto loro, di origine indiana, ovviamente, e grazie a dio (ma quale dio?) pulito e simpatico.

Ogni domenica, dalle 16,30 alle 21, hanno la loro festa, con canti, danze, offerta di cibi vegetariani, ancora molti canti, iterativi e belli, e una discussione, cui tutti possono intervenire.

Silo
c/o Peter Deno, via della Scala 32
c/o Paloma Mujica, via Braccio da Montone
c/o Salvatore, via della Pelliccia 17
tel. 5895154

Molto molto misteriosofici. Si dice che Jodorowski, il regista della *Montagna Sacra*, finanzi, aiuti e partecipi.

Non sono per niente mistici, nel senso stretto della parola.

Il Verbo viene dal Sud America, ed è più una filosofia basata sull'introspezione, e sulle capacità fisiche e mentali di ognuno: piatta-forma di lancio, asseriscono, per superare lo stadio di non coscienza dei profani, ed arriva-re a più alti stadi di coscienza.

Verso una nuova coscienza
Via Animuccia 15 (V.le Somalia)

Si medita secondo gli insegnamenti di R.P. Kausgik, un maestro spirituale indiano che ha attuato una fusione tra la meditazione zen e le dottrine di Krishnamurti.

Più che una setta è un gruppo, con molto buon senso e voglia di aiutare spiritualmente, alla sua maniera. Shanti Carlo è bravo.

Tutti i giorni feriali dalle 19,30 alle 21.

Volendo si può dare un contributo in soldi per mandare avanti l'organizzazione, che si sostiene unicamente con i contributi degli amici. Si fa anche yoga fisico.

Centro di meditazione di Baba Muktananda
c/o Pozzi, Circonvallazione Trionfale I
tel. 389568

Sono seguaci del baba, e praticano il Siddha Yoga. Baba Muktananda è famoso in India perché è uno dei pochi che riesce a risveglia-re il *kundalini*. Chi lo ha ricevuto ed è torna-to in Italia ne dice un gran bene. Insomma, provare per credere.

Macrobiotica
omeopatia, agopuntura

per chi vorrebbe mangiar
pulito, e ci prova

Roma mangia notoriamente grasso e pesante, più che altro mangia per stare a tavola, e alla tavolata.

I cibi organici e macrobiotici, sottoprodotto, in buona parte fasullo, della reazione americana alla standardizzazione e svilimento chimico di tutti i prodotti alimentari, è arrivata a Roma come fenomeno snob, elitario, altoborghese. Peccato.

Certo, tutto quel che è reazione allo snaturamento e alla sofisticazione dei cibi è un fenomeno positivo.

Cibi organici vuol dire cibi non tirati su con fertilizzanti e concimi chimici. Il guaio è che costano di più.

Cibi macrobiotici invece vuol dire prodotti e cucina d'una cultura molto lontana dalla nostra, che cerca un equilibrio tra corpo e mente, ma che a Roma è arrivata come rimasticatura d'una ondata americana, agganciata alla controcultura, che contestava il modo di mangiare.

E diceva, in sostanza: sei quello che mangi. Non mangiare la merda inscatolata, e adulterata, della produzione di massa occidentale, fornita dai supermercati.

A parte chi genuinamente ci crede, e ne fa una delle ragioni di vita, forse è più interessante, ed ha più futuro, la riscoperta di cibi semplici, dal riso alla frutta e alle verdure. Ed ha certamente un grande futuro il ritorno a cibi semplici, quelli che offre una cultura contadina (e culinaria) italiana non ancora scomparsa.

Lo stesso vale per le erbe, e bacche d'ogni genere, commestibili come terapeutiche: insomma, i prodotti d'una cultura che rischia d'essere spazzata via dal consumismo plastico, se questa generazione non se ne accorge.

E a Roma ci sono ancora erboristerie, poche, che hanno raccolto questa eredità. E ci sono anche medicine « diverse », come l'omeopatia e l'agopuntura, che noi aggiungiamo qui, in parte per comodità, in parte perché anche la medicina fatta di pillole e di bisturi, e robotizzazione del malato, è una mostruosa escrescenza del consumismo, ed ha valide alternative. L'omeopatia ha una tradizione lunga e seria in Francia ed in Italia, anche se messa molto in ombra dalla recentemente trionfante medicina degli ospedali.

Una generazione fa la medicina era la medicina dei medici condotti, che ancora conservavano un rapporto diretto, umano, con il paziente, e non a caso si rifacevano spesso sia all'erboristeria che all'omeopatia.

L'agopuntura ci viene dalla Cina, dove ha

una tradizione millenaria, ed una filosofia e una prassi che meritano rispetto, attenzione, ammirazione.

In questo, Roma non è alla retroguardia.

Prodotti alimentari organici

Abbazia delle tre fontane
Via dei Trappisti (Eur)

Tutti i giorni feriali, a sinistra dell'Abbazia, c'è la vendita dei prodotti orto-frutticoli coltivati dai frati trappisti e dai loro contadini. Tutti prodotti organici, o quasi, con poco o niente fertilizzante, pesticida, disinfestante, diserbante e via (veleno) dicendo. Si può anche andare nella stalla, dove vendono un formaggio buonissimo e freschissimo.

Centro dietetico della Maddalena
Piazza della Maddalena 1/A

Prodotti già confezionati, legumi secchi, grano, pane integrale, succhi di frutta senza coloranti e dolcificati con zucchero di canna, thé naturale. Tutto scrupolosamente impacchettato e dotato di certificato di garanzia.

Ai Monasteri
Corso del Rinascimento 72

I prodotti di tutte le abbazie dei frati trappisti d'Italia. I mieli più puri e più buoni, caramelle, dolci, erbe aromatiche, medicinali e prodotti di bellezza, pappa reale e liquori fatti a mano. Prezzi accessibili.

Prodotti alimentari macrobiotici

Centro macrobiotico italiano
Via della Vite 14 - tel. 6792509

Centro dietetico della Maddalena
Piazza della Maddalena 1/A

Castroni
Via Cola di Rienzo 196 - tel. 350645

Antica erboristeria romana
Via di Torre Argentina 15 - tel. 659493

Agopuntura, Omeopatia

Il punto di riferimento è il centro omeopatico di Antonino Negro, sia per l'omeopatia che per l'agopuntura (due agopunturisti), che funziona ormai da molti, molti anni, sotto la guida di Negro, e al quale partecipa ora anche suo figlio.

Ricordiamo anche Vincenzo Calò, come agopunturista. Ma preferiamo lasciare che ciascuno si indirizzi dove gli parrà meglio, e dove i suoi interessi, inclinazioni e convinzioni lo porteranno.

Ricordiamo solo che i cinesi, da sempre, hanno in ogni villaggio un agopunturista, che è anche erborista. I suoi pazienti amici lo pagano quando stanno bene; quando si ammalano, smettono di dargli l'obolo, o quel che è.

È una maniera di ricordare che l'agopuntura è medicina preventiva, più che sintomatica. Un altro grande vantaggio sul sistema occidentale, che vi cura solo quando state male.

Magia e parapsicologia

per chi ne ha voglie
inclinazione, curiosit

Nelle pieghe della Roma papalina, cattoli
ca nella forma ma miscredente nella sostan
za, ha sempre vissuto l'anticorpo pagano
hanno sempre allignato credenze superstizio
se, magie, scienze occulte, teosofie... Più che
altro in forme di sette e cenacoli, e sempre
molto marginali.

Restiamo agli ultimi dieci anni. Il progres
sivo svalutamento ideale della Chiesa, specie
dopo la morte di Giovanni XXIII, detto Gio
vannino, e genuinamente amato dagli strat
popolari, e la presa del potere di Paolo VI
completamente distaccato dalle speranze ele
mentari di rinnovamento ideale, hanno rida
to vita da una parte alla Chiesa del dissenso
lanciatissima, e dato spazio a nuovissime set
te e gruppi parareligiosi. L'avvento della so
cietà dei consumi, la sua totale amoralità e la

sua opera di disgregazione dei vecchi valori contadini ha fatto il resto.

Negli ultimi cinque anni poi la contestazione morale e culturale delle punte avanzate giovanili, quelle politiche, ma ancor più quelle *underground* e della controcultura, affascinate dalle religioni orientali se non altro come reazioni al volgare consumismo occidentale, hanno spianato la strada a fenomeni che una generazione fa erano impensabili. Come l'arrivo a Roma dei simpatici e buffissimi Hare Krishna, con le loro teste rapate e vestiti gialli, e il più brutto e puritano-fascista Maharaji Ji, che pesca nel torbido dell'alta e media borghesia giovane, con sistemi all'americana, e soldi a palate.

Accanto a questi, c'è sicuramente un ritorno alla magia e alla parapsicologia, in tutte le sue forme, ritorno questo meno pericoloso perché più genuino e meno autoritario. Anche questo aiutato ed esaltato da una controcultura che è andata a ripescare le molte forme ed espressioni dell'irrazionale, in parte come rifiuto, e fuga dai valori occidentali.

Entrambi i fenomeni, quello delle sette parareligiose e teosofiche, e quelle della magia e parapsicologia, investono soprattutto i giovani, e tra questi i più avvertiti e attivi, quelli che nel '68 erano per la contestazione, nel '70 per la controcultura, ed oggi invece più dispersi su molti fronti, ma più numerosi, più avvertiti, e forti delle esperienze passate.

La Roma antichissima ha già tutto inglobato, anche se non digerito.

Magia, Parapsicologia

Navona 2000
Vicolo dei Serpenti 67

Sedute spiritiche ogni sera alle 10. Tenute almeno sino a ieri, da Fulvio Tonti Rendhell che è stato il primo ad aprire un club pubblico, cinque anni fa. Con medium ospiti spettacolini che navigavan nell'orrido. Naturalmente fu bistrattato dai seriosi, insultato dagli increduli, tallonato dalla polizia, ma sopravvive, ed ha avuto più di un momento d notorietà, ed ha fatto da punto di riferimento per la curiosità, sincera, di moltissimi romani. Almeno, quelli che ce la fanno a spendere le migliaia di lire che costano iscrizione e partecipazione alla cosa.

Mazzamuriello

Tenuto da due principesse Pallavicini Sforza, un po' anziane, e la cognata. Fa più parte del filone, quello vecchio, tenace, patetico e superficiale, legato ai grilli della aristocrazia e dei salotti romani, che cercano interessi nuovi e strani, sempre, nel vuoto di valori e significati che li circonda.

Comunque, han fatto un negozio dove si trovano i filtri d'amore, accanto alle maschere di Bali e agli ex voto napoletani.

Una fa anche I Ching, il passatempo astrologico favorito dai giovani della controcultura in tutto il mondo, Italia e Roma compresa.

Se vuoi un mago, te lo trovano, anche per telefono.

Accademia Tiberina
Via del Fiume

Scuola con corsi di parapsicologia, spiritismo, yoga e religioni indiane e tibetane assortite. Le iscrizioni ai corsi sono basse.

Club dei medianici
Via Ludovico di Savoia 18 - tel. 753850

Sedute il martedì, giovedì e sabato.

Poi ci sono le maghe, e cartomanti dei rioni. Basta chiedere: dai famoso-salottieri, del giro del premio Strega (Anna Maria Gardini, Linda Wolf, Lucia Alberti, Van Wood) a quelle più di quartiere, più vicine alla filosofia ed ai sentimenti popolari.

Perchè sono donne, nella maggior parte?

Una menzione a parte va ad un personaggio romano vulcanico, coltissimo, esperto sia di magia parapsicologia e scienze medianiche che delle dottrine filosofiche e teosofiche orientali, oltre che pittore, traduttore, scrittore. Si chiama Giordano Falzoni, e fa da stupendo *trait d'union* tra le vecchie culture parapsicologiche e le nuove ondate di gruppi e sette nate nel dopo-controcultura.

Molto ha fatto, imparato, ed aiutato. Persona eccezionale, oltre che personaggio, di eccentricità, e vita, che esprime la Roma più bella.

Droga

*per chi crede ancora che i
i ragazzi si "bucano di hashish"*

Cosa ti dobbiamo dire, lettore?

Tu, già drogato da dieci anni dai quotidiani, dai settimanali, dalla televisione e da tutti i *media* insieme uniti in una santa crociata di menzogne che ha fatto più di mille morti e feriti, che ha riempito Regina Coeli e Rebibbia di giovani colpevoli d'aver fumato una sigaretta che non dà il cancro, e d'averci portato dove siamo, in un letamaio di eroina?

Abbiamo visto le menti migliori della nostra generazione distrutte dall'eroina e dall'anfetamina, mentre poliziotti in cerca di fama braccavano sedicenni con un grammo d'immaginazione in tasca.

Abbiamo visto le industrie farmaceutiche ingrassare sui barbiturici e peggio, su decine di prodotti incapsulati e venduti per il più sporco profitto di degradazione e di morte negli androni e nei cessi della città che piamente incitava alla caccia al drogato.

Abbiamo per anni subìto la caccia alle streghe che fogli pieni di pietismo, ignoranza e disonestà lanciavano, ciascuno per suo interesse e profitto, e tutti sulla pelle di una giovane generazione inerme, in preda a poliziotti, medici, magistrati, giornalisti, assistenti sociali ed altri complici del sistema che colpiva e mentiva, e mentiva e colpiva, per anni.

Esageriamo, lettore?

Se hai visto un tuo amico, morto ammazzato dall'eroina, che avevano cominciato a dargli a prezzi di favore, quasi gratis tre o quattro anni prima, mentre i poliziotti inseguivano e i magistrati condannavano a due anni un ragazzo con tre grammi in tasca, e i giornali parlavano delle « droghe tremende, come hashish, LSD, eroina, droghe che uccidono », METTENDOLE TUTTE INSIEME, non troveresti esagerazione.

Ci sono voluti sei anni, dal '66 al '72, per rompere il cerchio di ferro delle menzogne ufficiali, con le parole, con gli incontri, con i giornalini *underground*, per spiegare ai giovani che marijuana e hashish erano dolci cose leggere, che davano euforia, rilassatezza, calma, e che rincretinivano un po' se troppo usate o abusate.

Che la LSD, detto acido, era una cosa grossa, impegnativa, splendida ma anche pericolosa, un viaggio che andava fatto con rispetto e attenzione, per capire se stessi e il mondo, e non così, giusto per provare.

E che anfetamina ed eroina sono killers, che ammazzano, dilaniano, distruggono rapidamente cervello e cuore.

Sei anni per far affermare queste semplici

verità, mentre i ricchi sniffavano, impuniti la loro coca. Mentre l'acido si inquinava d anfetamina, e cosche sempre più agguerrit imponevano l'eroina sul mercato dei morituri

L'impatto dell'*underground*, della contro cultura e della musica *rock* nel '70-'71-'72 creava una coesione che era anche autodifesa, difesa dal sistema. Le droghe leggere, come si suol dire con una espressione brutta e ine satta, hashish e marijuana, passavano dal centro alle borgate, dall'ambiente degli studenti a quello di tutti i giovani.

Ma a ruota arrivavano anche le droghe pesanti. E criminalmente, diabolicamente, i periodi asciutti di roba leggera coincidevano con una presenza massiccia di pesante, a prezzi bassi. A Roma (ed anche a Milano) succedeva quello che era già sucesso a New York, dove la mafia teneva in pugno l'eroina, e la usava per distruggere dall'interno i potenziali focolai di ribellione giovanile, *rock*, controcultura, minoranze nere e portoricane. Là, le comunità colpite organizzavano la loro difesa. Qui, con i *media* trogloditi e complici, con il Comune che tappezzava la città di *posters* allucinanti che accomunavano siringhe e *joints* nella crociata contro il « flagello mortale », le difese erano poche.

I giornali scoprivano la relativa innocuità di hashish e marijuana e si facevano ridere dietro dall'ultimo dei borgatari, che aveva ormai un amico morfinomane, o eroinomane, o anfetaminico. Riso amaro.

L'*intellighentzia* borghese aveva imparato a fumicchiare nel chiuso delle sue case, seguita a stretto giro di vite dal *demi-monde* borghese romano guardone, gli americani pagavano la Turchia per bruciare i campi di papaveri e inventavano il metaqualone, un sostituto dell'eroina meno mortalmente assuefacente, a Roma Campo dei Fiori era piena di siringhe e di poliziotti capelloni, e nessuno aveva ancora aperto un centro di pronto soccorso. Per chi sbagliava dose, o vedeva i mostri verdi, non rimaneva che l'ospedale piantonato dal poliziotto, e la scelta fra il crepare per strada, o finire in manicomio o in galera.

I solerti poliziotti, con sprezzo del pericolo, e grande intelligenza, capitanati allora da Servolini, riuscivano ad arrestare qualche figlio di magistrato o generale, in qualche casa sputtanata, con i dieci grammi di roba fumata. Le prime pagine riportavano fedelmente, con le foto formato tessera che fanno la faccia da delinquente, e il pubblico romano aveva di che tremare, ed esser contento.

Ma è già storia.

Ed ora, dove siamo?

Ora eroina, anfetamina e morfina regnano incontrastate. Ce n'è per tutti, per chi ne vuole, ad alti prezzi che fanno alti profitti, per le cosche che le gestiscono.

Hashish e marijuana sono saliti di prezzo, e fanno la gioia dei guardoni da *week-end*, che li usano come il vino, con in più, il brividino del proibito.

Chi ha imparato ha imparato. I giochi sono fatti.

Ormai, nemmeno la legalizzazione della marijuana spaventa più molto il sistema, che però continua ad arrestare il figlio del dottore, che fuma, solo per spaventare, e far contento l'impiegato, integrato.

Le ultime sul fronte, negli ultimi due anni, sono il dilagare dell'eroina, e la scoperta del problema, come si dice, da parte degli extraparlamentari, che ne dibattono. Inutile dire che i comunisti tacciono, e il resto delle istituzioni tuona, come prima, contro il flagello sociale.

Se speravate di trovare informazioni, in questo capitolo, le avete avute. *Joint, anyone?*

Amerika

cosa fa il padrone amerikano
qui, in sunny Rome

Siamo, con buona pace degli ingenui e degli interessati che non lo sanno, una colonia americana. Basta fare una capatina in Veneto, o a Livorno, o in Sicilia, a dare un'occhiata alle basi americane, proterve, pericolose, e padrone.

Ma non c'è bisogno di andare in giro per l'Italia per capirlo, lo si può capire anche stando qui, a Roma, dove c'è una grossa « colonia » di americani, che vivono, per una buona metà, forse più, come vivono tutti gli americani dell'America bianca, ricca e padrona, in ghetti di case residenziali e *residences*, il più possibile isolati dalla « contaminazione » del mondo esterno, anche se a Roma i sudditi sono particolarmente colorati, mediterraneamente divertenti.

Tra quelli in divisa, che hanno la spesa, l'ospedale e tutto il resto all'interno stesso dei campi, e quelli delle multinazionali, che qua hanno molte sedi per via della posizione geografica — siamo a metà strada tra l'Europa Continentale e il Medio Oriente del petrolio — c'è poca differenza sostanziale.

I loro figli vanno tutti a scuole speciali, americane, che sono invece interessantissime, vivacissime, esplosive. Sono spesso polo d'attrazione e di contatto per la Roma dei giovani, che sta imparando l'inglese come un sol uomo. Anche se in scuole strozzine e malfatte, più che spesso. Ma accanto a questa comunità americana « d'occupazione » ce n'è un'altra, che sarà grosso modo un terzo della popolazione totale, fatta di artisti, di attori, dei figli giovani della colonia di cui si è detto, di studenti con le solite borse di studio e di studenti senza, di finti studenti che sono spesso i più bravi, sino a quelli *freak*, transitori, che stanno qui una settimana, un mese o un anno, e che si mescolano bene con la Roma viva e alternativa.

Sono le due facce che l'America ormai presenta in tutta Europa, e in altre parti del mondo, le due facce di se stessa com'è anche a casa sua.

I primi, se vi diverte, potete vederli nei ristoranti tipo Sabatini a Trastevere, allo Harry's Bar e negli altri mausolei di via Veneto, o nei negozi da *traveller's cheque* della zona di Piazza di Spagna.

Sfortunatamente, da due anni a questa parte hanno anche scoperto le virtù delle abitazioni del centro storico, da Piazza Navona a Trastevere, loro insieme all'alto *management* tipo FAO e simili, ed hanno dato una spinta al tremendo e vertiginoso alzo dei prezzi di

affitto di zone che prima erano della Roma popolare, e dei *beat freak*, artisti, studenti e
in generale poveri, anche americani, delle stesse zone, che ora soffrono, tutti, non solo dell'aumento degli affitti, ma anche del generale
rincaro del costo della vita, che ormai costa,
a Roma quanto a New York. Con la differenza
che Roma è povera, sottosviluppata, e con pochi spazi per chi voglia lavorare casualmente
per guadagnarsi giusto quel che basta per vivere, in maniera saltuaria.

La colonia americana ha anche un giornale
quotidiano, il *Daily American*, che assomiglia
un po' ad un giornale di una cittadina americana, cioè pesantemente conservatore, ma a
volte divertente nel miscuglio che fa di notizie italiane, europee e americane.

L'America più giovane non ha giornali, e
come unico punto di riferimento ha il cinema
Pasquino, a due passi da Santa Maria in Trastevere, che fa film soltanto in inglese, e spesso buoni. Nelle serate migliori, sembra di stare in un cinema di un buon *campus* americano.

Ma a parte gli americani che ci stanno, fissi
o no, Roma, dopo una lunga resistenza negli
anni '50 e '60, sta per essere sopraffatta dagli *snack bar*, tipicamente americani, il più
importante dei quali è il Piccadilly, che se non
altro fa gli *hamburghers* come si deve.

Degli alberghi fortezza come lo Hilton e lo
Holiday Inn, residenza obbligata degli americani delle multinazionali, c'è da dire solo che
non fanno misteri di quello che sono, templi
del *traveller's cheque*, monumenti a una *way
of life* del padrone napalmizzatore ma molto
igienico, e sterilizzato.

L'influenza colonizzatrice americana si fa sentire soprattutto nella lingua.

Ormai anche a Roma potete fare lo *shopping*, in un *supermarket*. Bere un *drink*. Andare a un *dancing* o a un *night club*. Sentire musica *folk*, *jazz* o *rock* (in questo l'influenza è stata benefica ed elettrizzante). Il tutto naturalmente, sotto il segno del *peace and love*. *Forever*.

Musica rock, folk, jazz

di giorno e di sera dove e come

Esplosione giovanile, esplosione del *rock* (detto anche *pop*) ed esplosione della musica classica, hanno cambiato tutto, hanno rivoluzionato tutto negli ultimi cinque-dieci anni.

In un paese di scarsa, quasi inesistente cultura musicale (e quel che vale per il paese vale anche per Roma, in questo campo), improvvisamente, sulla scia del successo dei Beatles, ormai leggendari ed ormai lontanissimi, nasceva una nuova musica che si faceva ala marciante d'una rivoluzione culturale giovanile. Sono giusto dieci anni, e da allora il mondo musicale non è stato più lo stesso.

Beatles, Rolling Stones, le *tournée* dei gruppi inglesi e americani in Italia, poi la nascita di gruppi italiani, autoctoni, poi la commercializzazione sfrenata del fenomeno, e la sua perdita di forza genuina, man mano che si consolidava un mercato. Ma intanto il lavoro era fatto, ed a fianco del *rock* (*pop*) risorgeva il *jazz*, ed il *folk* anche, si riscopriva moderno ed attualissimo. Ed ultimissimo in ordine di tempo, il ritorno, tra i giovani, della musica classica.

Roma era, insieme a Milano, il centro del tifone, caotico, approssimativo, delirante, entusiasmante.

La preistoria fu il Titan, un locale che vide Jimi Hendrix. Molta della storia fu scritta al Piper, un locale plastico-psichedelico che teneva più ai soldi che alla musica, ma che fu teatro di sere musicali meravigliose, epiche. Poi vennero i festival estivi, quelli di Caracalla, poi di Villa Pamphilj, e poi iniziò la stagione del Palazzo dello Sport, fatto da Nervi per ben altre cose che la musica. Ma è stato proprio al Palazzo dello Sport, che pieno può contenere 20 mila giovani e più, che la grande musica *rock*, e i grandi nomi, sono stati consacrati a Roma, mentre gli anni '60 finivano e gli anni '70 iniziavano, e Roma diventava una delle capitali del grande *rock*, che conquistava prima gli studenti, e poi anche altri strati di giovani, quelli delle periferie, e riusciva ad unire tutti, in una musica che ormai s'era commercializzata, ma che esprimeva comunque una spinta di libertà in cui ci si poteva riconoscere ed esaltare.

Nel 1965, i Beatles all'Adriano. Nel 1967, i Rolling al Palazzo dello Sport facevano il primo pienone: era la nascita del grande *rock* in Italia. Poi le date cominciano ad accavallarsi, e le storie.

A Roma c'erano, e ci sono, anche le grandi case discografiche.

Il più grosso organizzatore di concerti però

era Mamone (con Sanavio) che stava a Milano. A Roma poi usciva Zard, che organizzava cose buonine e cose più che dubbie. Tutti all'insegna dello sfruttamento commerciale dell'esplosione, ovviamente. E un altro personaggio, meno commerciale e decisamente simpaticissimo, Giovannino Cipriani, con qualche agganicio al Comune, riusciva a farsi dare prima il verde di Caracalla, poi Villa Pamphilj, per farci un bel festival.

A Roma nascevano dozzine di nuovi gruppi *rock*, emergeva il Banco del Mutuo Soccorso, romanissimo. Molte sale, tra cui il Brancaccio, ospitavano il *rock*. Il *rock* arrivava anche nelle scuole, licei ed altre, mentre San Remo e la televisione continuavano la loro capillare opera di rincretinimento musicale dell'altro pubblico, quello convenzionale, che andava avanti per conto suo, in un suo limbo astorico e sempre più vecchio.

Il pubblico. Dai primi *beat* e *hippies* che frequentano il Titan si allargano a gruppi, dallo psichedelico alla romana, all'anfetaminico, sempre alla romana, nel periodo Piper (è una lunga stagione, per poi passare, ormai masse, alle grandi sagre del Palazzo dello Sport).

Di pari passo con la musica, si allarga il cerchio della marijuana. Quando questa si commercializza sino allo sputtanamento, invade la droga pesante, che oltre ad ammazzare la gente, ammazza anche l'ambiente.

Ora, è il declino del grande *rock*, il ritorno del *folk* e del *jazz* (tutti e due hanno però assorbito l'esperienza *rock* e ne han fatto tesoro).

Comunque vada, la musica ha dato, e dà, la spinta più forte alla vita di Roma, è quella che con i dischi è penetrata ovunque (non ci sono più o quasi i *juke-box*), e con i raduni e gli spettacoli ha fatto da catalizzatore ad una, o più, nuove generazioni.

Rock (o pop)

Piper
Via Tagliamento 9 - Tel. 854459 - 865398

Un tempo era il tempio della musica *beat*. Ogni giorno qualcuno scappava da casa per fare colletta davanti al Piper.

Per la mancanza di un posto di una certa grandezza e con un'acustica passabile, è stato rispolverato questa specie di museo, ormai completamente insopportabile. Si respira aria cattiva, sono tutti antipatici e si paga troppo. Finché non si trova qualcosa per sostituirlo ce lo porteremo dietro sempre.

Titan
Via della Meloria 48 (Piazzale degli Eroi)
Tel. 353990 - 382797

Un tempo ritrovo bene ed elegante della scena *beat* romana. Da anni completamente squalificato come musica e come posto. Rimane un ritrovo archeologico per quaranta persone ogni domenica.

Palasport (Eur)

Ricordiamoci che è un posto per fare a pugni e non per ascoltare musica. Infatti la sua pessima acustica è ormai proverbiale. Il Comune e l'Orbis continuano comunque a fare affari d'oro con i concerti che vi vengono organizzati. Da parte loro gli organizzatori ancora non sono riusciti a trovare un posto capace di ventimila persone in grado di sostituire il Palasport. Per i concerti estivi si può fare tutto all'aperto, mentre per i mesi invernali la soluzione appare ancora molto lontana. Anche per il Palasport vale lo stesso discorso del Piper: quando ce ne andremo sarà un grosso sollievo per tutti. Per certi concerti (Jethro Tull, Emerson, Lake & Palmer, Joe Coker, Elton John, ecc.) è diventato addirittura troppo piccolo. Un'idea potrebbe essere quella di togliere le sedie dalla platea (cosa che è stata fatta in tutta Europa per i Palasport che ospitano musica).

Brancaccio
Via Merulana 224 - Tel. 735255

Rock

Sprint
Viale Adriatico 93 - Discoteca ogni sabato.

Vun Vun
Via Civiltà del Lavoro 100 - Tel. 594240

Discoteca Laziale
Via Mamiani 60/a (presso Ferrovie Laziali)
Tel. 734020

Discoteca Botanica
Viale della Botanica 100 (Centocelle)
Tel. 280353

Radio-Tele Company
Via Appia Nuova 262 - Tel. 7880533

Discoteca Palestro
Via Palestro 59 - 61 - Tel. 491103

Tuca Tuca
Via del Tritone 27 - Tel. 6792433
Dischi d'importazione originali da Londra.

Città 2000
Via Parioli 94 - Tel. 803000
Organizzazione completa che si occupa anche di trovare *disc-jockey* per feste e raduni musicali.

Scarabeo
Largo Giulio Capitolino 25 (Cinecittà)
Tel. 743541 - Ex Mirage, ex People Club
Sala prova per complessi. Aperto tutti i pomeriggi e festivi.

Hit Parade
Via Tiburtina 624 - Tel. 435255

La Cicala
Viale di Villa Phamphilj 6 - 8 - Tel. 5891991

Pappagallo
Via Quirino Majorana 156 (Via Olimpica di fronte Iva) - Tel. 550992
Tutte le sere discoteca o complesso. Lunedì riposo.

Rendez Vous!
Via Luca Marenzio 16 (Largo Somalia)
Tel. 8312456
Aperto giovedì, sabato, prefestivi e festivi.

Kilt
Via Saturnia 18 (Piazza Tuscolo) - Tel. 755191
Ex Splash Down
Aperto prefestivi e festivi.

Stop
Via Giacomo Bove 73 (Piramide)
Ex Goldfinger.

Totem
Via Tiburtina 843 - Tel. 433464
Aperto tutte le domeniche.

Red Banjo
Via S. Nicola Da Tolentino 76 - Tel. 489348
Ritrovo degli appassionati del *country & western*.

Ummagumma
Via Principe Umberto 67 - Tel. 7333158

Fantasma
Via Pontremoli 10 (Cinema Appio)
Tel. 755090

Santo Domingo
Via Tor Di Schiavi 214 - Tel. 217504

Pit '77
Via Cardinal Parocchi 77 (Primavalle)
Locale che sta rinascendo in questo periodo dopo un lungo momento di stasi.
Chiuso ai concerti dopo lo spettacolo di Jack Bruce nel novembre del 1971. Riattivato ora con il concerto dei Roxy Music. Posto piuttosto simpatico, dove è anche possibile ascoltare non troppo male. Purtroppo eccessivamente stretto ormai per qualsiasi concerto.

Altri posti dove è possibile ascoltare rock
(ma al cinema)

Filmstudio
Via Orti d'Alibert 1c (Trastevere) - Tel. 650464
Molto spesso filmati rock in anteprima.

Farnese
Piazza Campo de Fiori - Tel. 564395
Spesso pellicole *rock*.

Avorio
Via Macerata 10 - Tel. 779832
Ogni tanto qualcosa musicale.

Pasquino
Vicolo del Piede (Trastevere) - Tel. 5803622
Solo in inglese saltuariamente qualcosa *rock* in originale.

Nuovo Olimpia
Via in Lucina 16 - Tel. 6790695
Cinema d'*essai* che periodicamente ospita pellicole *rock*.

Folk

Cantastorie
Vicolo dei Panieri 57 (Trastevere)
Tel. 585605 - 6229231
Musiche folcloristiche.

Chez Madame Maurice
Via di Monte Testaccio 45 (Testaccio)
Folk di ogni tipo.

Fantasie di Trastevere
Via Santa Dorotea 6 - Tel. 5891671 - 5892986
Teatro-restaurant con cantanti e chitarristi.

Le Alabarde
Via A. Jandolo 9
Folk. Folk puro.

Folkstudio
Via dei Sacchi (Trastevere) - Tel. 5892374
Molto attivo con prezzi decenti. Possibile una
conveniente forma di abbonamento.

Beat 72
Via G. Belli 72 (Piazza Cavour) - Tel. 899595
Ormai poco attivo in fatto di *folk*.

Jazz

Se si esclude il Music Inn, di Pepito Pignatelli, manca completamente un club riservato
soltanto al jazz. Sono segnalati quindi i posti
dove è possibile, soltanto saltuariamente, a-
scoltare del jazz.

Delle Muse
Via Forlì 43 - Tel. 862948
Teatro che spesso nel giorno di riposo ospita
gruppi jazz.

Beat 72
Via G. Belli 72 (Piazza Cavour) - Tel. 899595
Un tempo molto *free jazz*, ora solo raramen-
te. Interessanti formazioni italiane e stranie-

re di musica contemporanea. Prezzi sotto le mille lire.

Torchio
Via E. Morosini 16 (Trastevere) - Tel. 582049
Generalmente è dedicato al teatro per ragazzi. È stato comunque possibile ascoltare del jazz. Sotto le mille.

Piper
Via Tagliamento 9 - Tel. 854459 - 865398
Per situazione di rimbalzo o di emergenza si ascolta qualche volta del jazz. Prezzi assurdi e proibitivi.

Olimpico
Piazza Gentile Da Fabriano 17 - Tel. 3962635
Dedicato al jazz soltanto in occasione della venuta in Italia di grossi calibri. Prezzi alle stelle.

Centocelle
Via dei Castani 201 (Centocelle)
Teatro politico che ha ospitato jazz organizzato in modo alternativo.

Folkstudio
Via dei Sacchi (Trastevere) - Tel. 5892374
Praticamente il locale più attivo in fatto di jazz insieme al Music Inn. Il martedì è sempre per il jazz. È possibile comunque ascoltare jazz in occasione di piccoli festival organizzati da Giancarlo Cesaroni, ottimo gestore. Prevale il jazz tradizionale.

Music Inn
Largo dei Fiorentini 3 - Tel. 6544934

Diretto da Pepito Pignatelli, un vecchissimo del jazz, e ineffabile superstite d'una dolce vita che, ovviamente, non fu mai.

Il suo locale è jazz, sempre jazz, disperatamente jazz. L'atmosfera, un'isola dorata per jazzisti, nottambuli, *aficionados* e musicisti in genere.

Ci passano i grossi nomi, prima o poi, e i bravissimi. Ha rimesso Roma nella mappa del jazz europeo.

Musica classica

Teatro dell'Opera
Via del Viminale - Tel. 461755
Nei mesi estivi i concerti si spostano a Caracalla.

Accademia Filarmonica
Piazza Gentile Da Fabriano

Auti Auditorio della Conciliazione
Via della Conciliazione (S. Pietro)
Famoso in tutto il mondo per la sua acustica.

Sala di via Dei Greci
Via dei Greci

Auditorio del Gonfalone
Via del Gonfalone (Via Giulia)
Osserva una stagione molto ristretta.

Teatro Olimpico
Piazza Gentile da Fabriano 17
Tel. 3962635

Quasi completamente riservato all'attività
classica. Viene gestito dall'Accademia Filarmonica.

**Strumenti musicali, amplificatori,
tavoli di mixaggio, impianti, etc.**

Mack
Via Tiburtina km 20 (Guidonia)
Tel. 0774 47032

International Music
Via la Spezia 133 - 137 - Tel. 774580 - 774344
Strumenti e apparecchiature alta fedeltà. Ri-
produzione e accordature. Anche rate fino a
36 mesi.

Music Center
Via Lubicana 104 - 108 - Tel. 777715
Strumenti, amplificazioni speciali, impianti
per discoteche, luci elettroniche, laboratorio
e riparazione. Rappresentanza Davoli.

Di Toma
Via Torpignattara 31 - Tel. 2712613

Musicarte (Nanni)
Via Fabio Massimo 35 - 37 - Tel. 383938
Varietà di strumenti e impianti. Mellotron,
Moog e altri sintetizzatori. Mercato dell'usato.

D'Amore
Via Principe Amedeo 52-54 - Via Manin 36-40
Tel. 461463

Aquili
Via dei Pioppi 54 - Tel. 218739
Hi-fi, elettronica e strumenti musicali.

Sale di registrazione

3 U
Via Riccardo Grazioli Lante 9 b
Tel. 351541 - 743749

Centro Italiano Registrazioni Fonografiche
1° Sottopassaggio Stazione Termini
Tel. 476798
Registrazioni e incisioni sonore. Strumenti
musicali. Amministrazione e vendite di studi
di registrazione. Studio diretto da Rosa Paone.

Telemusica
Via dei Gelsi 9 (Centocelle) - Tel. 2583403
Registrazioni sonore di ogni genere. Sala pro-
ve per complessi. Lezioni di canto, musica,
strumenti, danza classica e ginnastica ritmica.

Junior
Via Cassia 1216 villino c - Tel. 6995679
Sala di registrazione diretta da Massimo Roc-
ci, ex batterista jazz. Molto attiva in fatto di
registrazioni di carattere jazzistico. Lavori ef-
fettuati con jazzisti stranieri in *tournée* in
Italia.

Chantalain
Via Casal Lumbroso 212 (Via Aurelia km
12,50) - Tel. 384868

Studio di registrazione intenzionato a produrre lavori di *country & western* con gruppi e solisti, nuovi e conosciuti.

Studi e corsi

C.S.M.
Centro Studi Musicali
Accademia Musicale Eco di Roma
Via Pierluigi Da Palestrina 48 (Piazza Cavour)
Via Ostiense 75 b
Corsi di canto, pianoforte, organo, sassofono, chitarra, basso e batteria. I corsi sono diretti dal Maestro Emilio Contrasto.

Collegio di Musica
Piazza De Bosis 6 - Tel. 393338

Conservatorio Le Vipereschi
Via S. Vito 10 - Tel. 732396

L. Lanaro
Via Ludovico di Savoia 10 - Tel. 770326

R. Tittoni
Via Scimonelli 200 - Tel. 6131169

F. Vergati
Via Veio 12 - Tel. 776066
Canto, chitarra, pianoforte, fisarmonica, organo elettrico.

Vaticano

*Stato sovrano che organizza
l'Anno Santo. Amen!*

C'è, e bisogna parlarne. È nato, come Stato, nel 1929.

Ha un migliaio di abitanti, e un territorio piccolissimo, attorno a San Pietro; una sua piccola polizia e armata (molto ridimensionata di recente), un suo spaccio (a prezzi più bassi di quelli italiani), una sua targa per le macchine « SCV » (tradotta dai Romani in « Se Cristo Vedesse ») e un suo patrimonio, in immobili e azioni, in Italia e nel resto del mondo.

Il patrimonio immobiliare è colossale, inestimabile.

Quello in azioni, e partecipazioni, su cui non paga tasse, è piamente stimato sui 2-300 miliardi. Ma è più probabilmente cinque o dieci volte tanto, grazie alla ferrea e oculata gestione manageriale degli ultimi cinquant'anni.

Il Vaticano, si sa, guarda lontano.

Tutto è retto dal papa, ora Paolo VI, al se colo Montini.

Ha anche un giornale, che si chiama l'*Osser vatore Romano.*

Il 1975, per il Vaticano, è l'Anno Santo.

Qualcuno forse ricorda quello del 1950, i Giubileo precedente.

Questa volta, per l'Anno Santo, si aspetta no dai 6 agli 8 milioni di turisti, a Roma. Che staranno a Roma (non in Vaticano) per tre c quattro giorni di media. Nei periodi freddi un centomila persone al giorno, in quelli cal di, un buon duecentomila.

Il che, ovviamente, farà scoppiare Roma che non è capace di contenere nemmeno gli abitanti che ha.

La Regione ha stanziato 3 miliardi e mezzo.

Il Comune, i commercianti, gli albergatori, fino all'ultimo rivenditore di cartoline e di santini, contano molto su queste pie orde.

Chi è preposto al funzionamento della città, ed alla sua salute, ed ha solo un minimo di criterio, è terrorizzato, perché, per quanto pii siano i pellegrini, la città ha solo due depura tori, e la cacca la fanno tutti. Il Tevere, dopo la confluenza con l'Aniene, è melma pericolo sa. L'Aniene è una fogna a cielo aperto. Sui 150 chilometri di costa della provincia, man ca l'ossigeno, ci sono già troppa ammoniaca e nitriti, detersivi e idrocarburi.

Dice il medico provinciale: « Un massiccio ingresso di visitatori in un arco di tempo rela tivamente breve farà sentire notevolmente il proprio effetto anche sui problemi connessi alla raccolta e smaltimento dei rifiuti solidi urbani ». Sante parole.

Mancano, si sa, mezzi e personale.

Nelle zone centrali e semicentrali, dove arriveranno i turisti-pellegrini, il rumore ha già superato, senza di loro gli 80-90 decibel, dieci punti in più del massimo per una vita civile. Oltre, dice per esempio la legislazione britannica, si possono avere danneggiamenti all'udito, disturbi mentali e della sfera sessuale, angoscia, instabilità. Forse, chissà, se si è molto pii, anche visioni.

Il traffico romano, secondo in caos solo a quello di Città del Messico, porterà un contributo di bestemmie così grande che forse finirà per far scendere verso terra la bilancia spirituale che altrimenti salirebbe inevitabilmente verso il cielo.

Molti che verranno, saranno malati: l'Anno Santo e la visita a Roma possono fare quel che la medicina non fa? L'ufficiale sanitario dice che l'organico ospedalieri e medico « è praticamente quello del 1952 ».

Ma i Romani sono qua, da 19 secoli, a coabitare con il seggio di Pietro, ed aspettano a pie' fermo.

Venderanno almeno sei milioni di posti letto, e di santini.

INDICE

Nella collana Guide SugarCo:

Guida ai piaceri di New York
a cura di Alan Rinzler

Guida ai piaceri di Parigi
a cura di Raymond Rudorff

Guida ai piaceri di Roma
di Gianfranco Finaldi

Guida ai piaceri di Milano
di Francesco Paolo Croce

Guida ai piaceri di Londra
a cura di H. Davier, R. Allen

Guida ai piaceri di Mosca
di R. Uboldi, N. Villa

Guida ai misteri e piaceri di Palermo
di Pietro Zullino

Guida ai misteri e piaceri della politica
di G. Finaldi, M. Tosti

Guida ai misteri e piaceri del Vaticano
di L. Zeppegno, F. Bellegrandi

Guida all'arguzia erotica nei proverbi
di Giampaolo Pecori

Di qui e di là d'Arno
di Renzo Cantagalli

Guida al Sahara
di Eric Salerno

Guida alla Cina dai mille piaceri
di R. Uboldi, N. Villa

Maldicenza di ieri e di oggi
Guida all'epitaffio burlesco
di G. Pecori

Guida ai detti toscani
di Renzo Cantagalli

Guida alla musica vivente
di Gino Negri

Finito di stampare per conto della
SugarCo Edizioni
dalla Tipografia F.lli Ferrari - Milano
nel 1975